La cuisine
de la femme pressée

Dans la même collection
aux *Éditions J'ai lu*

Agnès Beaudemont-Dubus

La cuisine
de la femme pressée

Cuisine

Sommaire

Les desserts

Spécial micro-ondes
Les entrées

Les plats

Les desserts

Préparation le soir même
Les entrées

Quelques beurres parfumés

Avant-propos

Vite, vite, trop vite... Pressée, maître mot du vocabulaire de la femme d'aujourd'hui.

Vite, le matin, il faut préparer le petit déjeuner, réveiller les enfants, les habiller, s'habiller, se maquiller, les emmener à l'école, sauter dans son bus ou sa voiture, fignoler sa coiffure dans le rétroviseur, foncer dans l'ascenseur, se précipiter dans le bureau où le téléphone sonne déjà... Il est dix heures, vous êtes déjà fatiguée.

Toute la journée, vous jouez à la superwoman, cette nouvelle espèce que les magazines nous décrivent complaisamment : pas un cheveu qui dépasse, vous voguez de rendez-vous en coup de fil, de réunion en briefing. Bref, vous êtes efficace. Bien sûr, au cours de cette journée, il vous est arrivé une de ces mille choses dont on ne parle pas dans votre magazine préféré : votre mari vous a appelée à onze heures pour vous prévenir qu'il avait invité son client japonais à dîner. Subrepticement, entre onze heures et onze heures trente, vous avez préparé la liste des achats pour le dîner du soir, achats que vous ferez, bien sûr, à l'heure du déjeuner, au lieu d'aller acheter la superbe paire d'escarpins que vous aviez repérée hier.

Midi : vous voilà au supermarché du quartier, où, hélas, vous n'êtes pas la seule à pousser votre caddie d'une main en tenant votre sandwich de l'autre. En épluchant votre liste et en scrutant les rayonnages, vous vous apercevez qu'il vous manquait mille choses élémentaires auxquelles vous n'aviez pas pensé. Résultat : vous vous retrouvez à la caisse avec un caddie plein à craquer, et vos deux bras fluets pour tout secours.

Vous retournez au bureau, vous cachez vos achats dans le placard et remettez votre casquette de femme d'affaires : à quatorze heures, réunion de toute l'équipe autour du nouveau projet. Las ! A quinze heures, on vous passe un coup de téléphone urgentissime : votre baby-sitter est aux abois, elle a donné des fraises à Arthur, votre petit dernier, et il est couvert de boutons. Vous reprenez vos esprits, redevenez la brillante et indispensable collaboratrice toute dévouée à son entreprise... A dix-sept heures, vous avez trouvé l'idée géniale qui va assurer le succès du nouveau produit, vous êtes sur le point de rédiger votre rapport, et le téléphone sonne. C'est votre fille Pauline qui sort du lycée et a ramené à la maison une ribambelle de copines : drame, il n'y a plus de soda dans le réfrigérateur. Voilà une chose à laquelle vous n'aviez pas pensé tout à l'heure, au supermarché : il va falloir y retourner, quelle horreur !

Dix-neuf heures, vous êtes épuisée mais vous maîtrisez la situation. Vos sacs de courses dans les bras, vous regagnez votre mini. Enfin seule ! Vous allez pouvoir, pendant une demi-heure, écouter votre opéra préféré en pensant à vos prochaines vacances.

Dix-neuf heures trente. Vous poussez la porte de l'appartement, ahanant sous le poids des paquets, ne pensant qu'à une chose : un bon bain chaud aux huiles essentielles, un masque au concombre séché et un pot de Bifidus pour apaiser la fringale sans culpabiliser. Bien vite, vos illusions s'envolent : vos charmants bambins s'agrippent à vos basques, la baby-sitter n'a pas encore préparé leur dîner, ils ne sont toujours pas en pyjama, la table de la cuisine est jonchée des reliefs du goûter, le salon est un vrai champ de bataille... et ce fichu Japonais qui vient dîner à vingt et une heures.

Restez zen : au moins, vous savez ce que vous allez lui offrir pour dîner, vous avez fait vos courses, de ce côté-là, tout va bien. Soudain, l'angoisse vous prend : votre mari n'est pas encore rentré. A-t-il pensé au vin, son domaine réservé ? Eh bien non ! Il rentre, épuisé, *L'Équipe* sous le bras, il a passé une journée terrible, vous ne pouvez pas imaginer !

Alors, vous vous prenez à rêver : vos placards sont judicieusement remplis, rien ne manque, la cave est au complet, tous les ustensiles sont là, parfaitement efficaces. Votre congélateur et votre micro-ondes vous sauvent la mise en toutes circonstances, les repas familiaux de la semaine ont été planifiés, votre baby-sitter ne manque jamais de rien pour les préparer. Vous disposez de recettes faciles, réalisables en un minimum de temps et susceptibles d'impressionner vos invités.

Prenez vos désirs pour des réalités : ce livre est là pour vous aider. Des années durant, l'auteur de cet ouvrage a été aux prises avec ces difficultés. Elle a commencé par pleurer toutes les larmes de son corps, puis s'est dit : « Il faut que ça cesse ! » Après avoir dressé l'inventaire des problèmes, elle s'y est attaquée et vous propose aujourd'hui les solutions les plus rationnelles et les plus créatives pour gérer avec le plus de plaisir et d'efficacité possible vos fonctions de maîtresse de maison.

Ce livre n'est pas un simple recueil de recettes. Il se veut, en toute humilité, la nouvelle Bible du management de votre cuisine.

Vous avez, comme nous toutes, découpé consciencieusement les fiches cuisine de votre hebdomadaire préféré, votre belle-mère vous a sans doute offert un somptueux livre des meilleures recettes des grands chefs qui fait très joli dans la bibliothèque. Vous avez sûrement noté quelques plats exotiques goûtés au cours de vos voyages. Mais il faut bien se rendre à l'évidence : tout cela ne vous a guère aidée jusqu'à présent. Les recettes sont trop longues et difficiles à réaliser, il vous manque toujours un des ingrédients ou un ustensile pour les préparer, et surtout, vous manquez toujours de temps.

Commencez par faire le point. Prenez cinq minutes pour faire le test du chapitre 1. Il vous dira quel genre de maîtresse ès cuisine vous êtes. Faites-vous partie de celles pour qui la cuisine est une pièce en trop ? Votre cuisine ressemble-t-elle à un salon d'arts ménagers, avec tous les ustensiles et gadgets imaginables... que vous n'utilisez jamais ? Ou votre foncière bonne volonté est-elle freinée par un inexorable manque de temps ? Quel que soit votre profil, ne vous précipitez pas sur les recettes : le secret de votre réussite passe par une bonne organisation.

La première base d'une cuisine bien pensée, c'est un placard, un réfrigérateur, et, éventuellement, un congélateur judicieusement remplis. Il n'est pas forcément nécessaire de disposer d'une cuisine de 30 m², équipée dernier cri. Apprendre à planifier ses achats en fonction de la taille de la famille et de la place dont on dispose, tel est l'objectif des fiches shopping que vous trouverez au chapitre 2.

Et pour remplir placards, réfrigérateur et congélateur, vous trouverez au chapitre 3 toutes les solutions et astuces pour faire vos courses en un minimum de temps, parfois sans même vous déplacer, avec de vraies listes bien pensées, conçues à partir des recettes et des cinquante menus hebdomadaires proposés au chapitre 5.

Au chapitre 4, vous trouverez une liste du matériel de base qui vous aidera à cuisiner aussi bien les plats les plus sophistiqués que les préparations plus simples des menus hebdomadaires.

Le chapitre 6 vous propose cent recettes ultra-rapides, follement simples et terriblement chics que vous aurez plaisir à préparer et à partager avec vos amis et votre famille.

Quand vous aurez achevé votre lecture, vous vous apercevrez que la cuisine n'est pas nécessairement une corvée. Nos conseils vous permettront de gagner un temps et une énergie précieux : pourquoi ne pas les consacrer à vous monter une petite cave de qualité, et à rechercher des saveurs et des idées originales et exotiques grâce aux « shoppings étrangers » que nous vous proposons au chapitre 8 ?

Dans toutes les recettes, nous nous sommes efforcée d'utiliser les termes les plus simples. Le chapitre 9 vous propose néanmoins un petit lexique qui vous permettra de vous faire passer pour une véritable experte !

Alors, vous qui regrettiez que la réussite professionnelle vous force à faire l'impasse sur des choses aussi simples que la préparation d'un bon petit plat ou d'un dîner raffiné, vous qui savez qu'organisation et créativité sont les clés du succès de toute entreprise, mettez-les au service de votre vie de famille. Grâce à ce livre, la cuisine cessera d'être une corvée et vous redécouvrirez la satisfaction et les plaisirs oubliés d'un repas que vous aurez préparé et que vous partagerez avec ceux que vous aimez.

1

Test:

Savez-vous manager votre cuisine?

Avant de vous jeter à corps perdu dans la lecture de ce livre ou de vous précipiter sur la recette qui sauvera votre soirée, prenez quelques minutes pour faire le point. Où en êtes-vous dans le management de votre cuisine? Possédez-vous déjà des rudiments ou devez-vous encore apprendre la différence entre un chinois et une écumoire? Le test qui suit vous montrera quel genre de chef de l'entreprise-cuisine vous êtes. Cochez à chaque fois la proposition qui vous semble le mieux vous correspondre.

1/ Aimez-vous la cuisine?
    A. Vous avez horreur de ça. D'ailleurs, vous ne connaissez même pas le temps de cuisson d'un œuf dur.
    B. La salade niçoise, la tarte aux pommes et l'œuf mayonnaise n'ont pas de secrets pour vous. Mais il ne faut pas vous en demander plus.
    C. Vous adorez cuisiner, mais vous n'avez vraiment pas le temps.

2/ Comment êtes-vous équipée ?

A. La cuisine est une pièce dont vous vous passeriez bien.

B. Vous avez fait installer votre cuisine par le meilleur installateur. Vous avez les appareils les plus performants, mais pour préparer chaque soir un jambon-coquillettes, est-ce bien raisonnable ?

C. Votre cuisine est une pièce chaleureuse où l'on trouve toujours ce que l'on cherche. Ce qui vous chagrine, c'est de ne jamais avoir assez de temps à y passer.

3/ Avez-vous les bons ustensiles ?

A. Un chinois, pour vous, c'est un habitant de la Chine.

B. Vous n'avez toujours pas utilisé le superbe robot qu'on vous a offert pour votre mariage il y a cinq ans.

C. Rien ne vous manque et vous savez la différence entre une cuillère de bois et une spatule, mais vous aimeriez vous en servir plus souvent.

4/ A quoi ressemblent vos placards ?

A. Vos placards sont presque vides car vous ne faites jamais de provisions à long terme.

B. Dans vos placards, il n'y a que du chocolat, des corn flakes et des gâteaux à apéritif.

C. Vous êtes imbattable sur le rangement et le stockage, vos placards sont vos meilleurs alliés, mais il vous manque quelquefois l'idée qui fera merveille pour un dîner impromptu.

5/ Comment faites-vous vos courses ?

A. L'épicier en bas de chez vous vous bénit car vous lui rendez visite tous les soirs.

B. Pour vous, les courses sont un casse-tête. Vous ne savez jamais quoi acheter.

C. Munie d'une liste, le lundi, entre midi et deux heures, vous faites vos courses. Mais vous aimeriez tellement trouver une solution pour éviter cette perte de temps !

6/ Votre stock de recettes

A. Comme vous ne savez pas cuisiner, votre stock est inexistant.

B. Des milliers de fiches et de livres de recettes envahissent la cuisine, mais c'est plutôt pour faire joli.

C. Vous avez quelques spécialités que vous resservez à chaque fois. Si seulement on vous donnait des recettes simples, rapides et savoureuses !

7/ Votre cave

A. Vous êtes une adepte de l'eau minérale. Quand vous invitez, chacun apporte son vin.

B. C'est votre mari qui s'occupe de la cave.

C. Vous avez toujours eu envie de savoir choisir les vins, et vous aimeriez monter une petite cave de qualité, originale et abordable.

8/ Cuisinez-vous exotique ?

A. Quand vous avez envie de plats exotiques, vous allez au restaurant.

B. Vous achetez quelquefois des plats cuisinés étrangers au supermarché ou chez le traiteur, mais vous ne retrouvez jamais les saveurs découvertes au cours de vos voyages.

C. Il existe près de chez vous un magasin proposant des produits venant de pays lointains, vous aimeriez bien en acheter mais vous ne savez pas lesquels ni comment les accommoder.

Verdict

Vous obtenez une majorité de A : il serait temps de revoir votre philosophie. Faire la cuisine n'est pas incompatible avec votre image de superwoman. Ayez pitié de votre compagnon et de vos enfants : ce livre va vous changer la vie.

Vous obtenez une majorité de B : pourrait mieux faire ! Une lecture assidue des grands stratèges vous serait bénéfique : vous êtes pleine de bonnes intentions et de grands projets. Il ne vous manque qu'une bonne organisation.

Vous obtenez une majorité de C : vous frôlez la perfection. Ce livre va vous donner le petit coup de pouce, le punch et les idées qui vous manquent.

2

Les basics du placard et du congélateur

«Montre-moi ton placard, je te dirai qui tu es», disait le sage.

Nos placards sont le reflet de notre manque de temps et d'organisation. Nous achetons quatre boîtes de corn flakes et dix boîtes de thon parce qu'elles sont en promotion, et nous oublions l'essentiel. Des placards bien organisés et bien approvisionnés sont les premiers alliés de la femme pressée. En effet, chaque jour, nous y puisons ce qui va nous servir à composer un repas et à réaliser une recette. Il ne s'agit pas de stocker des dizaines de paquets de farine ou d'acheter toutes les sortes de moutarde existant sur le marché, mais de faire une bonne fois pour toutes un inventaire de ce que l'on a déjà et de ce qui nous manque.

Avec l'aide d'une liste de base à laquelle on peut rajouter les produits que l'on aime utiliser, on pourra se monter une sorte d'épicerie dans laquelle on puisera sans souci... et qu'on n'oubliera surtout pas de renouveler.

Les placards

1. Videz vos placards.
2. Sur la liste des basics que vous trouverez ci-après, et que vous aurez adaptée en fonction du nombre de personnes que compte votre famille, cochez les produits qui vous manquent.
3. Ajoutez à cette liste les produits dont vous ne pouvez pas vous passer et auxquels nous n'avons pas forcément pensé.
4. Reportez-vous au chapitre 5 (Les menus de la semaine) pour préparer les achats indispensables aux menus que vous aurez choisis.
5. Munie de votre liste, filez au supermarché. N'oubliez pas de consulter le chapitre 3 (Le casse-tête des courses).

Le congélateur

Comme vos placards, votre congélateur est un aide précieux. Si vous n'en avez pas, c'est un investissement que vous ne regretterez jamais. Les services rendus à la femme pressée que vous êtes sont sans égal. En combinant congélateur et micro-ondes, vous gagnerez un temps considérable pour la préparation des dîners impromptus.

La liste proposée dans la fiche shopping ci-après est une base. Ses composants peuvent être stockés dans un congélateur à deux tiroirs. Vous la modulerez en fonction de la composition de votre famille et vous y ajouterez les produits que vous choisirez au gré de vos envies. Les produits surgelés ne sont pas beaucoup plus chers que les frais, et ils présentent l'avantage d'être disponibles en toutes saisons (légumes et fruits). Les viandes et les poissons n'ont pas été sélectionnés, car ils sont vendus en grandes quantités. Vous pouvez les acheter chez votre boucher et votre poissonnier habituels, sans oublier de leur demander si les produits ont déjà été congelés, et les stocker dans votre congélateur au gré des menus hebdomadaires prévus. Procédez de la même façon que pour vos placards pour en faire l'inventaire et dressez la liste de ce qui vous manque à l'aide de la fiche ci-après.

FICHE SHOPPING / SEMAINE DU... AU...

BASICS

Achats menus de la semaine et recettes

ÉPICERIE

1. Sucré
Farine fluide.......... ☐ .... ☐
(sans apport de levure)
Sucre en poudre ...... ☐ .... ☐
Sucre en morceaux .... ☐ .... ☐
Chocolat amer........ ☐ .... ☐
Levure chimique ...... ☐ .... ☐
Vanille en gousse...... ☐ .... ☐
Biscuits à la cuillère.... ☐ .... ☐
Préparation instantanée
(crèmes vanille
ou chocolat) .... ☐ .... ☐
Conserves de fruits
au sirop (pêches,
cerises...) .... ☐ .... ☐
Cannelle en poudre .... ☐ .... ☐
Cerneaux de noix...... ☐ .... ☐
Alcool de cuisine
(armagnac, kirsch,
cognac...) .... ☐ .... ☐

2. Salé
• Épices
Safran .... ☐ .... ☐
Curry............... ☐ .... ☐
Paprika .... ☐ .... ☐
Cumin .... ☐ .... ☐
Noix de muscade...... ☐ .... ☐
Poivre(s) .... ☐ .... ☐
Sel (sel fin et gros sel).. ☐ .... ☐

FICHE SHOPPING / SEMAINE DU... AU...

- Bouillon cubes
(volaille, bœuf, poisson). ☐ .... ☐

- Gâteaux à apéritif.... ☐ .... ☐

- Les conserves
Crabe en miettes ...... ☐ .... ☐
Thon .... ☐ .... ☐
Concentré de tomates .. ☐ .... ☐
Tomates pelées au jus .. ☐ .... ☐
Quelques conserves
de légumes .... ☐ .... ☐
Quelques sauces (béarnaise,
barbecue, etc.) .... ☐ .... ☐

- Assaisonnement
Moutarde(s) (forte de Dijon
et douce aux condiments) ☐ .... ☐
Huile d'olive.......... ☐ .... ☐
Huile d'arachide....... ☐ .... ☐
Vinaigre de vin. .... ☐ .... ☐

- Pâtes
Tagliatelles........... ☐ .... ☐
Spaghetti .... ☐ .... ☐

- Riz
Riz blanc américain .... ☐ .... ☐
Riz Basmati .... ☐ .... ☐

3. *Divers*
Chapelure .... ☐ .... ☐
Maïzena............. ☐ .... ☐
Fécule .... ☐ .... ☐
Purées instantanées.... ☐ .... ☐
Lait .... ☐ .... ☐

FICHE SHOPPING / SEMAINE DU... AU...

Café (instantané
et dégustation) .... ☐ .... ☐
Thé .... ☐ .... ☐
Cacao (pour petit déjeuner
et cacao amer
pour la pâtisserie) ..... ☐ .... ☐
Confitures .... ☐ .... ☐
Miel............... ☐ .... ☐
Céréales............ ☐ .... ☐

CRÉMERIE

Beurre .... ☐ .... ☐
Œufs .... ☐ .... ☐
Produits laitiers divers
(yaourts, crème fraîche...) ☐ .... ☐
Fromages .... ☐ .... ☐
Fromages râpés....... ☐ .... ☐

BOISSONS

Jus de fruits .... ☐ .... ☐
Sodas .... ☐ .... ☐
Eaux minérales
(plate et gazeuse) ..... ☐ .... ☐
Sirops .... ☐ .... ☐
Bière .... ☐ .... ☐
Vin................ ☐ .... ☐
Alcools .... ☐ .... ☐

FRUITS ET LÉGUMES

Pommes de terre...... ☐ .... ☐
Carottes............ ☐ .... ☐
Salade .... ☐ .... ☐
Courgettes.......... ☐ .... ☐
Haricots verts .... ☐ .... ☐

FICHE SHOPPING / SEMAINE DU... AU...

Oignons............	☐	....	☐
Echalotes...........	☐	....	☐
Ail	☐	....	☐
Navets	☐	....	☐
Poireaux	☐	....	☐
Tomates	☐	....	☐
Concombre	☐	....	☐
Champignons	☐	....	☐
Légumes secs	☐	....	☐
Pommes	☐	....	☐
Oranges............	☐	....	☐
Bananes............	☐	....	☐
Pamplemousses	☐	....	☐
Poires	☐	....	☐
Fruits de saison	☐	....	☐

VIANDE

Bœuf	☐	....	☐
Mouton	☐	....	☐
Porc...............	☐	....	☐
Veau	☐	....	☐
Volaille.............	☐	....	☐
Abats..............	☐	....	☐

CHARCUTERIE

Jambon............	☐	....	☐
Saucisson	☐	....	☐
Pâté...............	☐	....	☐
Poitrine fumée	☐	....	☐
Saucisses	☐	....	☐

FICHE SHOPPING / SEMAINE DU... AU...

POISSON/COQUILLAGES

Suivant arrivage

SURGELÉS

1. Les aides culinaires
Fines herbes (basilic,
estragon, ciboulette...) . ☐ .... ☐
Echalotes hachées ..... ☐ .... ☐
Oignons blancs hachés . ☐ .... ☐
Sauce béarnaise. ...... ☐ .... ☐
Sauce hollandaise ..... ☐ .... ☐
Beurre blanc .... ☐ .... ☐

2. Les purées
Brocolis. .... ☐ .... ☐
Fonds d'artichauts ..... ☐ .... ☐
Aubergines .... ☐ .... ☐
Petits pois .... ☐ .... ☐

3. Fruits
Quetsches .... ☐ .... ☐
Cocktail de fruits rouges. ☐ .... ☐

4. Crustacés et mollusques
Cocktail de fruits de mer. ☐ .... ☐
Bâtonnets de crabe .... ☐ .... ☐
Coquilles Saint-Jacques. ☐ .... ☐
Langoustines. .... ☐ .... ☐

5. Desserts
Glace à la vanille ...... ☐ .... ☐
Sorbets .... ☐ .... ☐
Coulis de myrtille
ou de cassis .... ☐ .... ☐

6. Les pâtes

Pâte sablée	☐	....	☐
Pâte feuilletée	☐	....	☐
Pâte brisée	☐	....	☐

PRODUITS D'ENTRETIEN

Eau de Javel	☐	....	☐
Eponges	☐	....	☐
Liquide vaisselle	☐	....	☐
Poudre à récurer	☐	....	☐
Poudre lave-linge	☐	....	☐
Adoucissant	☐	....	☐
Poudre lave-vaisselle	☐	....	☐
Sel régénérant	☐	....	☐
Liquide rinçage	☐	....	☐
Papier absorbant	☐	....	☐
Papier aluminium	☐	....	☐
Film alimentaire	☐	....	☐
Produit vitres	☐	....	☐
Sacs-poubelle	☐	....	☐
Filtres à café	☐	....	☐
Récurant four	☐	....	☐
Récurant WC	☐	....	☐
Papier hygiénique	☐	....	☐
Désodorisant d'intérieur	☐	....	☐

HYGIÈNE

Savon	☐	....	☐
Shampooing	☐	....	☐
Dentifrice	☐	....	☐
Brosses à dents	☐	....	☐
Rasoirs jetables	☐	....	☐
Mousse à raser	☐	....	☐
Coton	☐	....	☐
Mouchoirs en papier	☐	....	☐
Coton-tiges	☐	....	☐

FICHE SHOPPING / SEMAINE DU... AU...

BÉBÉ

Couches .... ☐ | .... ☐
Farines............. ☐ | .... ☐
Céréales............ ☐ | .... ☐
Petits pots fruits ...... ☐ | .... ☐
Petits pots légumes.... ☐ | .... ☐
Lait de toilette .... ☐ | .... ☐
Coton.............. ☐ | .... ☐

Notes personnelles:

Résoudre le casse-tête des courses

Le samedi matin, dans tous les supermarchés de France et de Navarre, des milliers de femmes échevelées, solitaires ou traînant derrière elles mari et/ou enfants, hantent les allées en poussant leur caddie. Quel calvaire ! Elles ne savent pas où donner de la tête, elles ne savent pas où diriger leurs pas, les enfants tirent à hue et à dia !

Arrivée à la caisse, vous videz le caddie, réglez la facture (qui dépasse largement ce que vous aviez prévu, puisque vous n'avez pas fait de liste), replacez le tout dans le chariot, foncez au parking, ressortez les sacs pour les caser à grand-peine dans le coffre de la mini. Direction la maison, on recommence : on sort les sacs, on monte les sacs, on range les sacs. Vous êtes épuisée, vous avez bien perdu quinze grammes, et en plus vous avez oublié l'essentiel.

Ce scénario vous rappelle quelque chose ? Là encore, rien de plus facile que de le modifier. Plusieurs solutions s'offrent à vous, avec un élément commun : la liste que nous vous avons proposée au chapitre précédent, que vous aurez photocopiée et remplie. Vous verrez que loin de représenter une perte de temps, ce petit travail va vous permettre de faire vos courses trois fois plus vite, de faire des économies puisque vous n'achèterez que ce qui vous est vraiment nécessaire, et enfin de ne rien oublier.

Se faire livrer

Deux cas de figure : soit vous ne pouvez pas acheter sans voir et toucher, soit vous ne voyez aucun inconvénient à commander sur catalogue.

La livraison à domicile

Dans le premier cas, vous vous rendrez à votre supermarché habituel, après vous être assurée qu'il disposait d'**un service de livraison**. En règle générale, nous vous conseillons d'effectuer vos achats le vendredi entre midi et 14 heures : vous pourrez choisir votre heure de livraison le soir même jusqu'à 20 heures ou le samedi matin.

Quelques exemples :

• *Monoprix et Inno*

Ces deux chaînes livrent gratuitement à partir d'un certain montant d'achat (cela dépend de votre magasin), sur présentation de la Carte fidélité Monoprix, disponible gratuitement en magasin. Impératif : pour se faire livrer le jour même, il faut faire ses achats avant 19 heures.

• *G20*

Ce magasin livre pour un minimum de 120 € d'achat, et la livraison est gratuite. Un conseil : pour vous faire livrer le jour même, faites vos courses avant midi.

• *Franprix et Casino*

La plupart des magasins de la marque Casino livrent facilement à domicile. Le prix de la livraison et le montant minimum d'achat varient en fonction des services proposés par chaque magasin.

Vous pouvez également choisir l'option
« retrait en magasin » que proposent quelques
chaînes, comme Auchan.

B. Commande sur catalogue, par téléphone ou par Internet

• *Picard surgelés*

Il existe des magasins Picard dans presque toutes les grandes villes de France. Sur simple appel
au 0 820 16 00 39 vous recevrez gratuitement leur
catalogue. Si vous devenez cliente, ce catalogue
vous sera envoyé chaque mois et vous pourrez
ainsi bénéficier des promotions. À Paris et en
région parisienne, ce magasin livre pour un minimum de 20 € d'achat. La livraison est gratuite.

Attention à la contenance de votre congélateur : il serait dommage de commander trop et de
ne pas pouvoir stocker vos achats.

Que vous habitiez Paris ou la province, consul-
tez sur Internet les sites de livraison à domicile.
Ces entreprises vous proposent presque toutes les
marques et pratiquent sensiblement les mêmes
prix que vos supermarchés. Elles vous permet-
tent de commander tranquillement, même à trois
heures du matin et de choisir vos tranches horaires pour la livraison.

Notre conseil : utilisez ce type de service pour
vos renouvellements de stock d'épicerie, de produits d'entretien et d'hygiène. En effet, seul
inconvénient de ce service très pratique : les produits frais tels que la viande, les volailles, le poisson et les fruits et légumes sont soit inexistants,
soit peu variés ou très chers.

• *Telemarket.fr*

Adresse du site : www.telemarket.fr.

Tél. 0 825 813 813 pour recevoir votre code
client, et aussi pour commander si vous n'avez
pas Internet.

Montant minimum d'achat : 40 €.

Frais de livraison dégressifs, et offerts à partir de 210 € à Paris et en région parisienne. Pour la province : tarif unique de 9,90 €.

Vous pouvez consulter les horaires de livraison correspondant à votre département.

• *Houra.fr*

Adresse du site : www.houra.fr.

Tél. 0 825 800 731 pour recevoir votre code client, et aussi pour commander si vous n'avez pas Internet.

Montant minimum d'achat : 60 € pour Paris et l'Île-de-France, 75 € pour la province.

Frais de livraison dégressifs, et offerts à partir de 200 €.

Livraison en 24 heures, et en moins de 12 heures le week-end : commandez le vendredi soir avant 20 heures et faites-vous livrer le samedi matin à partir de 7 heures.

Enfin, pour les courses comme dans l'entreprise, n'oubliez pas la règle d'or : DÉ-LÉ-GUEZ. Pourquoi ne pas confier la tâche shopping (Internet ou téléphone) à votre mari, à un de vos enfants ou à votre femme de ménage ?

4

Matériel de base pour cuisine facile

Vous avez passé le cap du test, rangé vos placards, dressé vos listes. Vous vous sentez déjà beaucoup plus efficace. Il est temps de faire l'inventaire de votre matériel. On dit qu'un bon ouvrier a de bons outils, c'est le moment de vérité. Inutile pour l'instant de convoquer votre installateur de cuisine et de faire établir des devis !

Choisissez vos ustensiles au gré des promotions des grands magasins. Un seul robot suffit s'il sait tout faire, et vos jattes n'ont pas besoin d'être signées Christofle.

Pour la cuisson
Une batterie de casseroles avec couvercles.
Une sauteuse avec couvercle transparent.
Un cuitout vapeur (je vous recommande le modèle Habitat qui allie qualité et prix très modique).
Un plat à gratin.
Une série de moules : à cake, à manqué rectangulaire, à tarte de différentes tailles, à soufflé, à charlotte.
Une série de petits ramequins individuels.

Pour la préparation
Une série de jattes de métal de différentes tailles (voir shopping chinois).

Ustensiles

Un chinois
Une grande passoire sur pieds
Une passoire avec manche
Une écumoire
Deux louches : une grande et une petite pour les sauces
Une râpe à quatre faces
Deux ou trois cuillères en bois
Deux spatules souples
Une spatule en métal
Deux économes
Deux couteaux pointus
Un couteau à dents
Un couteau à découper
Une paire de ciseaux
Une fourchette de service

Les aides

Une bobine de fil alimentaire
Un verre doseur
Du papier absorbant
Du film alimentaire
Du papier aluminium
Des petits pics en bois (que vous trouverez dans les rayons matériel pour barbecue)
Une balance ménagère
Un robot multifonction
Un petit mixer pour les fines herbes, l'ail, les oignons, les échalotes.

Et si vraiment votre cuisine manque cruellement des ustensiles les plus rudimentaires, rendez-vous chez Ikéa : on vous y proposera la « Box n° 1 », qui, pour un prix modique, contient tout le matériel de base. Un bon achat si vous vous installez ou si vous êtes vraiment très pressée.

Et bien sûr, pour vous faciliter la vie si vous n'en possédez pas encore, un micro-ondes et un congélateur.

50 menus quotidiens pour vous faciliter la vie

Véritable calvaire quotidien de la femme pressée, les dîners familiaux se résument souvent à ouvrir une boîte de conserve, à réchauffer un surgelé ou à «cuisiner» les éternelles chipolatas à la purée Mousseline... Quelle tristesse!

Les repas du soir, qui doivent être simples et rapides à préparer, sont la hantise des mères de famille qui rentrent tard de leur bureau. Sans perdre une minute, elles doivent imaginer un menu différent de celui de la veille et qui ne nécessite pas de redescendre chez l'épicier.

La fiche shopping proposée au chapitre 2 vous permettra de noter vos achats en fonction des menus. Elle vous évitera d'être prise au dépourvu.

Photocopiez-la chaque semaine et accrochez-la en évidence dans votre cuisine. Vos enfants, votre mari ou votre aide pourront ainsi préparer les repas même si vous n'êtes pas là.

Les plats marqués d'un * font partie des recettes du chapitre 6.

SEMAINE 1

Lundi

Escalopes panées (*dans une assiette, mélangez de la chapelure et un jaune d'œuf. Passez chaque escalope dans cette préparation et poêlez-la*)
Endives braisées (*cuites à la vapeur puis braisées au beurre à couvert pendant 10 mn*)
Salade de pamplemousses et d'oranges.

Mardi

Mixed grill (*assortiment de côtes d'agneau, chipolatas, poitrine fumée, poêlé*).
Haricots verts
Yaourt au miel

Mercredi

Tagliatelles aux fruits de mer (*fruits de mer surgelés vendus chez Picard*)
Poires

Jeudi

Brochettes de blancs de poulet (*blancs de poulet enfilés sur des bâtonnets de bois et poêlés*)
Riz blanc aux lentilles Dhal (*voir shopping anglais*)
Crème caramel

Vendredi

Dorade à l'orange*
Pommes de terre en robe des champs
Brownie*

SEMAINE 2

Lundi
Œufs cocotte Pauline*
Salade d'endives aux noix
Compote de pommes

Mardi
Avocat des îles*
Tarte tomates aux basilic et mozzarella*
Bananes au caramel*

Mercredi
Tournedos
Légumes crus (*carottes, tomates, céleri, choux-fleurs*)
aux 3 sauces (*béarnaise, tartare, barbecue vendues en pots*)
Crème vanille

Jeudi
Hachis parmentier (*on peut remplacer la purée de pommes de terre par une purée de carottes vendue chez Picard*)
Yaourt aux fruits

Vendredi
Filets de rouget vapeur (*filets de rouget cuits à la vapeur pendant 10 mn*) au beurre de cresson*   P. 119
Tagliatelles au beurre
Mousse à l'orange*

SEMAINE 3

Lundi
Gratin d'endives au jambon et à la béchamel (*cuire les endives à l'eau 15 mn, séchez-les dans un papier absorbant. Enroulez les 1/2 tranches de jambon autour de chaque endive. Nappez de sauce béchamel, mettez à gratiner 10 mn au four*)
Quatre-quarts*

Mardi
Escalopes niçoises*
Pâtes fraîches au parmesan
Gratin de fruits rouges*

Mercredi
Steaks hachés
Pommes de terre au fromage*
Pommes

Jeudi
Foie de veau poêlé
Gratin de brocolis (*cuits à la vapeur, nappés de sauce béchamel et gratinés 10 mn au four*)
Crêpes au sucre

Vendredi
Filets de limande pochés (*cuits à l'eau bouillante 8 mn*)
Beurre au safran*
Riz blanc
Crème chocolat* P-94

SEMAINE 4

Lundi
Omelette aux champignons et aux pommes de terre
Apple crumble*

Mardi
Râbles de lapins au paprika* *P. 117*
Epinards hachés
Œufs au lait*

Mercredi *Pot au feu de Canard P.116*
Steaks tartares (*bœuf haché servi cru avec 1 jaune d'œuf, 1 c. à café de ciboulette hachée, 1 c. à café de moutarde forte, 1 c. à café de sauce anglaise, 1 c. à café d'oignon cru haché, sel, poivre, Ketchup ou Tabasco*)
Salade de mesclun
Pamplemousse à la gelée de groseille (*coupez chaque pamplemousse en deux, nappez de gelée et passez sous le grill du four 5 mn*)

Jeudi
Cervelle au beurre
Tagliatelles au parmesan
Yaourt aux fruits

Vendredi
Lotte aux courgettes*
Riz blanc
Fruits

Lundi
Gratin de pâtes* P. 69
Riz au lait

Mardi
Côtes de porc poêlées
Brocolis à la vapeur
Crème vanille

Mercredi
Salade charcutière*
Poires

Jeudi
Foies de volailles poêlés
Purée de céleri
Mousse au chocolat*

Vendredi
Filets de merlan à la vapeur
Epinards en branches au beurre
Ananas au sirop

Lundi

Tomates farcies (*tomates évidées dans lesquelles on dépose une farce préparée par le charcutier et qu'on passe au four 20 mn*)
Coquillettes au beurre nappées du jus des tomates farcies
Glace au caramel

Mardi

Magrets de canard aux pommes fruits*
Flan de pruneaux*

Mercredi

Croque-monsieur et madame sur pain Poilâne (*le croque-madame est une variante du croque-monsieur sur lequel on ajoute un œuf sur le plat*)
Salade de mâche
Poires

Jeudi

Fondue aux trois fromages*
Salade d'épinards en branches
Compote d'abricots

Vendredi

Darnes de cabillaud panées
Ratatouille*
Petits-suisses au coulis de framboises

SEMAINE 7

Lundi
Spaghetti bolognèse (*la sauce bolognèse est vendue en pot*)
Yaourts aux fruits

Mardi
Poulet Tandoori* P. 68
Riz Basmati
Gâteau de mirabelles* P. 96 .

Mercredi
Rôti de bœuf au four
Pommes de terre sautées à l'ail et au persil
Salade de fruits

Jeudi
Œufs brouillés P. 112
Champignons hongrois* P. 120
Crème caramel

Vendredi
Poissons au lait de coco* P. 67
Vermicelles chinois*
Sorbet à l'orange

SEMAINE 8

Lundi
Côtes d'agneau poêlées
Haricots verts poêlés
Crème vanille

Mardi
Petits boudins noirs et blancs poêlés
Purée mousseline
Salade de fruits

Mercredi
Steaks hachés
Gratin de concombres* P. 122
Mousse au chocolat blanc*

Jeudi
Côtes de porc aux pommes fruits (*les pommes sont coupées en morceaux et poêlées avec les côtes*)
Riz au lait

Vendredi
Filets de soles grillés au beurre
Carottes à la crème fraîche
Fruits

SEMAINE 9

Lundi
Escalopes poêlées
Purée d'aubergines (en vente chez Picard)
Terrine de pommes au coulis de cassis*

Mardi
Foie de veau poêlé
Gratin dauphinois* P.123
Fromage blanc au sirop d'érable (voir shopping américain)

Mercredi
Omelette provençale* P.115
Salade de batavia
Tarte au citron*

Jeudi
Poulet rôti
Clafoutis de navets* P.121
Yaourts nature à la confiture

Vendredi
Steaks de thon poêlés
Tagliatelles à la crème fraîche
Crème caramel

SEMAINE 10

Lundi
Gigot froid mayonnaise
Purée de carottes
Glace au chocolat

Mardi
Œufs pochés au chèvre sur salade de mesclun*   P. 113
Tarte poires au caramel*

Mercredi
Crêpes au jambon et au fromage (*crêpes dans lesquelles on roule une tranche de jambon et du gruyère râpé*)
Flan de pruneaux*

Jeudi
Epaule d'agneau au four
Petits pois «jardin»*   P.89
Salade de fruits

Vendredi
Filets de lieu jaune poêlés
Riz blanc à la sauce tomate
Ananas frais

6

100 recettes ultrarapides, follement simples, et terriblement chics !

Vous travaillez douze heures par jour, votre job vous passionne, vous organisez à merveille votre emploi du temps, vos enfants sont sublimement intelligents et épanouis, votre mari est un être adorable, vous avez décoré votre appartement avec un goût extrême, et vous êtes toujours superbe et d'humeur joyeuse...

Le tableau est idyllique jusqu'au moment où l'on prononce devant vous le mot «cuisine».

Vous devenez blême, vous essayez de détourner la conversation par une pirouette, et, si l'on insiste, vos grands yeux effarés en disent long sur votre calvaire.

Les cent recettes que nous vous proposons vont faire de vous celle dont on dira : «Je me demande comment elle fait.» Vous seule saurez combien il est simple de composer un dîner à la fois succulent et chic, en un minimum de temps, et surtout sans panique. Nos recettes ne demandent aucune expérience particulière ; si vous les suivez pas à pas, le succès est garanti. Aucune ne demande un temps de préparation supérieur à vingt minutes.

Nous avons sélectionné un certain nombre de plats à préparer la veille. N'allez pas croire que c'est parce qu'ils demandent un temps fou : bien au contraire, ils vous aideront à consacrer tout votre temps, le jour du dîner, à la préparation d'une jolie table, à votre décontraction et à vos recherches vestimentaires et cosmétiques, qui vous permettront non seulement de proposer à vos amis ou relations un dîner original et mémorable, mais aussi de les recevoir la mine reposée, le teint clair et au mieux de votre apparence. Le luxe absolu !

Les préparations au micro-ondes, elles aussi, vous feront gagner un temps fou. Grâce à elles, vous pourrez réaliser des plats auxquels vous n'auriez jamais pensé avant l'existence de cet appareil miracle.

Comme nous pensons vraiment à tout, nous avons consacré toute une section à la cuisine vapeur, celle qui préservera votre ligne de sylphide et la santé de votre petite famille.

Enfin, nos recettes « spéciales enfants » vous permettront d'organiser des « journées vacances » : vos enfants (ou votre tendre époux) se feront un plaisir de vous mitonner un petit dîner grâce à ces formules ultra-simples mais toujours délicieuses.

Pas de panique lorsque vous lirez « courgettes » ou « gratin dauphinois » : n'oubliez pas les surgelés !

Nous avons ménagé, à la fin de chaque recette, un espace qui vous permettra de consigner vos idées personnelles et vos variantes. Car vous verrez, une fois que vous aurez compris que la cuisine n'est pas une corvée, vous finirez par y prendre plaisir et par mettre au point vos propres recettes.

A vos fourneaux, pour le meilleur et pour le rire ! ! !

CINQ RÈGLES D'OR
POUR RÉUSSIR VOS DÎNERS

1. Si vous recevez régulièrement, planifiez vos dîners. Par exemple, réservez le mardi soir à vos relations, le samedi soir à vos amis et le dimanche midi à la famille que vous pourrez réunir autour d'un brunch. Cela vous permettra d'inscrire les produits nécessaires sur votre liste shopping hebdomadaire. Etablissez vos menus par écrit.
   Entrée
   Plat principal
   Salade
   Fromage
   Dessert
   Vins
   Café
   (Pensez à l'apéritif si vous en servez un)
2. Notez tous les ingrédients que vous avez et ceux qui vous manquent. Faites une liste.
3. Pensez aux préparations la veille (par exemple pot-au-feu l'hiver, terrines l'été) et à ce qui cuit tout seul, sans grande préparation.
4. Dressez votre table la veille et listez ce qui vous manque (serviettes, décoration de la table, sièges…).
5. Le soir même, les enfants dîneront plus tôt. Préparez-leur un repas rapide qui ne nécessite pas trop de cuisson pour ne pas encombrer votre cuisine.

Signalétique des recettes
c = cuillère
g = gramme

Calories
* *   Vous pouvez vous jeter dessus, votre ligne n'en souffrira pas.
* **   Attention, n'en reprenez pas deux fois.
* ***   Danger ! À consommer avec modération.

Prix de revient pour une personne
* *   moins de 2 euros
* **   moins de 5 euros
* ***   plus de 7 euros

Préparation la veille

Ces recettes sont idéales pour les superorganisées, qui n'ont pas envie d'être bousculées en sortant du bureau quand elles ont un dîner. Celles qui ne veulent pas courir et passer une heure en cuisine en gémissant parce que leurs invitées auront, elles, eu le temps de se pomponner...

La préparation la veille vous laissera le temps de prendre une douche réparatrice, de vous faire un make-up raffiné, et même de regarder tranquillement les infos en attendant vos invités.

Les recettes proposées sont simplissimes, et quand vous recevrez vos convives avec une mine superbe et un look impeccable, tout le monde sera persuadé que vous cachez dans la cuisine un esclave cordon-bleu. À vous de les convaincre ! Vos bonnes amies et les épouses des relations de bureau de votre homme en seront pâles de jalousie.

Carpaccio

INGRÉDIENTS POUR 4 PERSONNES:
200 g de filet de bœuf
4 c. à soupe d'huile d'olive
1 citron
10 olives noires dénoyautées
1 c. à café de poivre vert
en grain
Sel, poivre

**PRÉPARATION 10 MN
PAS DE CUISSON
CALORIES*
PRIX**
1 HEURE AU CONGÉLATEUR
MARINADE 2 HEURES**

Enveloppez le filet de bœuf dans un film alimentaire en serrant bien et mettez-le au congélateur 1 heure. Découpez-le en tranches très fines à l'aide d'un couteau électrique.

Disposez ces tranches dans un plat creux, nappez-les d'huile d'olive, du jus de citron, salez, poivrez.

Laissez mariner 2 heures au frais. Au moment de servir, saupoudrez d'olives noires passées au mixer avec le poivre vert.

Notes

Cevice (prononcez cévitché)

INGRÉDIENTS POUR 4 PERSONNES:
600 g de filets de dorade
1 c. à soupe de piment rouge
en poudre
4 citrons verts
Sel

**PRÉPARATION 5 MN
PAS DE CUISSON
CALORIES*
PRIX**
MARINADE UNE NUIT**

Coupez les filets en dés, mettez-les dans une jatte, en les recouvrant du jus des citrons verts, saupoudrez de poudre de piment, mélangez. Laissez mariner au frais. Le soir du dîner, servez dans de petits bols avec la marinade.
Vous pouvez ciseler de la coriandre fraîche sur cette entrée très pimentée.

Notes

Mousse de saumon

INGRÉDIENTS POUR 4 PERSONNES:
1 boîte de saumon au naturel
2 œufs entiers
2 citrons
Persil frais
Sel, poivre.

PRÉPARATION 10 MN
PAS DE CUISSON
CALORIES**
PRIX*
REFROIDISSEMENT
UNE NUIT

Dans une jatte, cassez les œufs en séparant les blancs des jaunes.
Réservez les blancs.
Battez les jaunes avec le jus des deux citrons, le sel, le poivre.
Egouttez le saumon, émiettez-le, mélangez-le aux jaunes d'œufs.
Montez les blancs en neige ferme, incorporez-les délicatement à la préparation au saumon, versez le tout dans un moule à cake beurré, et placez au réfrigérateur jusqu'au moment de servir.
Démoulez et parsemez de persil haché.
Cette mousse se tartine sur du pain grillé, ou des blinis chauds.

Notes

Terrine de crabe

INGRÉDIENTS POUR 4 PERSONNES:
4 yaourts nature
3 œufs entiers
2 jaunes d'œufs
2 c. à soupe de maïzena
2 boîtes de chair de crabe ou
200 g de surimi
Coriandre fraîche
Sel, poivre.

POUR LE COULIS DE TOMATES:
1 boîte de tomates pelées
au jus
Coriandre fraîche
Sel, poivre.

**PRÉPARATION 15 MN
CUISSON 45 MN
CALORIES*
PRIX**
REFROIDISSEMENT UNE
NUIT
AU RÉFRIGÉRATEUR**

Allumez votre four thermostat 9. Dans une jatte, mélangez les yaourts, les jaunes d'œufs, les œufs entiers, le sel, le poivre, et la coriandre hachée. La préparation doit être très homogène.

Egouttez la chair de crabe (si vous l'avez achetée en boîte), émiettez-la, incorporez-la à la préparation, mélangez, ajoutez la maïzena délicatement.

Beurrez un moule à cake, farinez-le, versez-y la préparation.

Enfournez après avoir posé sur le dessus une feuille d'aluminium que vous enlèverez après 35 mn de cuisson, pour que la terrine dore.

Testez en fin de cuisson

avec la lame d'un couteau qui doit ressortir propre.

Laissez refroidir un peu en couvrant avec une feuille d'aluminium sur laquelle vous disposerez quelques objets lourds. Mettez au réfrigérateur jusqu'au moment de servir.

Préparez le coulis : mixer les tomates avec des feuilles de coriandre.

Vous démoulerez délicatement la terrine et la couperez en tranches que vous napperez de coulis de tomates. Décorez de feuilles de coriandre.

Variante

Terrine de lotte

Mêmes ingrédients, mais on remplace le crabe par 300 grammes de lotte préalablement cuits au court-bouillon de poisson pendant 15 mn, et que vous couperez en dés moyens. Dans la préparation aux yaourts et aux œufs vous ajouterez 3 c. à soupe de concentré de tomates.

Même temps de cuisson, même refroidissement, même coulis. Seul le prix varie: ***.

Notes

Terrine de foies de volailles

INGRÉDIENTS POUR 4 PERSONNES:
300 g de foies de volailles
40 g de farine
3 œufs entiers
1 jaune d'œuf
50 cl de lait
6 c. à café de crème fraîche
1 gousse d'ail
Muscade râpée
Sel, poivre.

**PRÉPARATION 15 MN
CUISSON 40 MN
CALORIES*
PRIX*
REFROIDISSEMENT
UNE NUIT**

Allumez votre four thermostat 6. Passez les foies sous l'eau fraîche. Mixez les foies et l'ail. Dans une jatte, mélangez la farine, les œufs entiers, le jaune d'œuf, la crème fraîche, la muscade râpée, le sel et le poivre.

Incorporez les foies et l'ail mixés dans cette préparation.

Beurrez et farinez 4 petits ramequins individuels.

Remplissez-les de la préparation.

Disposez-les dans un plat rempli d'eau pour les cuire au bain-marie. Enfournez-les pendant 40 mn, en vérifiant la cuisson à l'aide d'une lame de couteau qui doit ressortir propre.

Laissez refroidir une nuit au réfrigérateur.

Démoulez et servez nappé d'un coulis de tomates (voir recette : terrine de crabe).

Notes

Terrine de légumes

INGRÉDIENTS POUR 4 PERSONNES:
4 poivrons rouges
2 grosses aubergines
3 œufs entiers
1 jaune d'œuf
Huile d'olive
Menthe fraîche
Sel, poivre.
Coulis de tomates:
1 boîte de tomates pelées au jus
Menthe fraîche
Sel, poivre

**PRÉPARATION 15 MN
CUISSON 55 MN
CALORIES*
PRIX**
REFROIDISSEMENT
UNE NUIT**

Allumez votre four thermostat 9.

Dans une poêle, faites revenir 5 mn environ dans l'huile d'olive vos poivrons coupés en morceaux, ôtez-leur la peau, réservez-les.

Faites revenir 5 mn environ dans l'huile d'olive les aubergines pelées et coupées dans le sens de la longueur.

Réservez-les.

Dans votre mixer, mettez les poivrons, les œufs entiers, le jaune d'œuf, le sel, le poivre et quelques feuilles de menthe fraîche.

Mixez grossièrement.

Réservez.

Beurrez un moule à cake, farinez-le, disposez une couche d'aubergines, versez dessus un peu de la préparation aux poivrons, disposez une nouvelle couche d'aubergines, versez dessus un peu de préparation, et ainsi de suite en terminant par une couche de préparation aux poivrons. Enfournez en déposant une feuille d'aluminium sur le dessus, que vous enlèverez après 35 mn de cuisson pour que la terrine dore.

Testez avec la lame d'un couteau qui doit ressortir propre.

Laissez refroidir en disposant une feuille d'aluminium sur laquelle vous déposerez des objets lourds. Mettez au réfrigérateur jusqu'au moment de servir. Préparez votre coulis de tomates. Démoulez délicatement, coupez en tranches que vous napperez de coulis de tomates, parsemé de feuilles de menthe.

Notes

Chili con carne

INGRÉDIENTS POUR 4 PERSONNES :
500 g de viande de bœuf
hachée
250 g de haricots rouges
250 g de tomates pelées au
jus
1 oignon
1 gousse d'ail
4 piments rouges forts
Sel, poivre

PRÉPARATION 10 MN
CUISSON 90 MN
CALORIES***
PRIX**
TREMPAGE DES HARICOTS :
UNE NUIT

La veille, faites tremper les haricots rouges secs en les recouvrant d'eau froide.

Le soir du dîner, rincez-les, égouttez-les, et faites-les cuire avec deux fois leur volume d'eau, les piments, le sel et le poivre pendant 45 mn.

Pendant ce temps, faites revenir dans un peu d'huile les tomates avec leur jus, l'ail haché, l'oignon émincé. Ajoutez la viande hachée, mélangez bien. Quand la viande est cuite, incorporez cette préparation aux haricots rouges et faites cuire à feu doux pendant 45 mn.

Servir très chaud dans des assiettes creuses.

Notes

Curry de volaille

INGRÉDIENTS POUR 4 PERSONNES:
1 poulet de 1,5 kg désossé
50 g de beurre
1 blanc de poireau
1 pomme (granny)
20 g de farine
1 bouillon de volaille
25 cl de crème fraîche
3 c. à soupe de curry en poudre
100 g d'amandes effilées
Coriandre fraîche
200 g de riz Basmati

**PRÉPARATION 15 MN
CUISSON
3 HEURES LA VEILLE
20 MN LE JOUR MÊME
CALORIES**
PRIX****

Faites cuire la volaille la veille dans un grand faitout, en la recouvrant d'eau froide. Ajoutez le blanc de poireau, le bouillon de volaille, le sel, et le poivre. Couvrez, laissez cuire à feu doux pendant 3 heures. Réservez la volaille. Vous pouvez consommer le bouillon le soir même.

Le lendemain, coupez la volaille en morceaux, jetez les os. Faites fondre le beurre dans lequel vous ferez revenir l'oignon et la pomme coupée en petits morceaux. Saupoudrez avec la farine, le curry, mélangez. Mouillez avec 75 cl d'eau, laissez cuire à feu doux et à couvert pendant 10 mn. Passez cette préparation au chinois, en pressant bien la pomme et l'oignon.

Faites rissoler la volaille dans un peu d'huile, ajoutez la préparation, incorporez la crème fraîche, laissez cuire 5 mn à feu très doux. Servez avec le riz Basmati (les instructions de cuisson sont sur les boîtes), parsemez d'amandes effilées.

Notes

Magrets marinés au vin rouge

INGRÉDIENTS POUR 4 PERSONNES:
4 magrets de canard
2 carottes
2 échalotes
25 cl de vin rouge (cahors)
1 clou de girofle
1 bouquet d'estragon
10 g de beurre
Sel, poivre

PRÉPARATION 10 MN
CUISSON 20 MN
CALORIES**
PRIX***
MARINADE 4 HEURES

Epluchez les carottes et les échalotes, coupez-les en dés. Dans une jatte mettez le vin, le clou de girofle, les carottes et les échalotes. Ajoutez l'estragon haché. Plongez-y les magrets. Mettez au frais pendant 4 heures.

Au moment du dîner, sortez les magrets de la marinade, épongez-les. Réservez-les.

Passez la marinade au chinois, et faites chauffer le liquide recueilli dans une casserole pour qu'il réduise de moitié. Salez, poivrez.

Pendant ce temps, poêlez les magrets dans le beurre.

Servez les magrets nappés de la marinade réduite.

Notes

Poissons au lait de coco

Semaine 7   Vendredi

INGRÉDIENTS POUR 4 PERSONNES:
400 g de lieu jaune
400 g de filets de dorade
1 boîte de lait de coco
(voir shopping indien)
1 jus de citron
Coriandre fraîche
Sel, poivre
300 g de vermicelles chinois
(voir shopping chinois)

PRÉPARATION 15 MN
CUISSON 25 MN
CALORIES**
PRIX**
MARINADE UNE NUIT

Coupez les poissons en morceaux moyens, arrosez-les du jus de citron, salez, poivrez.

Dans une casserole, videz la boîte de lait de coco, mettez les morceaux de poissons, ajoutez de l'eau (2 fois le volume de la boîte de lait), et la coriandre ciselée. Faites cuire pendant 15 mn à feu doux.

Laissez reposer une nuit. Le soir du dîner, ajoutez dans la casserole les vermicelles chinois, et faites cuire le tout à feu doux pendant 10 mn. Parsemez de coriandre et servez chaud dans de grands bols.

Notes

Poulet Tandoori

Semaine 7   Mardi

INGRÉDIENTS POUR 4 PERSONNES:
4 belles cuisses de poulets
1 boîte de préparation pour Tandoori (voir shopping indien)
Huile
Sel et poivre

PRÉPARATION 10 MN
CUISSON 10 MN
CALORIES*
PRIX*
MARINADE UNE NUIT

Ôtez la peau des cuisses de poulets. Placez-les dans un plat profond. Dans une jatte versez 4 c. à soupe de préparation pour Tandoori, ajoutez de l'eau pour que cette préparation soit lisse. Versez-la sur les cuisses de poulets pour les recouvrir. Laissez mariner une nuit. Le soir du dîner, allumez votre four thermostat 9, placez les cuisses de poulets qui ont pris une belle couleur rouge, sur la grille de votre four, et faites-les griller sur les deux faces pendant 10 mn. Jetez la marinade.

Salez, poivrez les cuisses, servez-les chaudes ou froides, accompagnées d'un riz Basmati ou de lentilles Dhal (voir shopping anglais).

Notes

Sauté de porc au concombre

INGRÉDIENTS POUR 4 PERSONNES:
750 g de filet de porc
12 cl d'huile d'olive
1 c. à soupe de thym
en poudre
1 c. à soupe d'origan
en poudre
3 gousses d'ail
1 bouquet d'aneth

SAUCE:
2 concombres
250 g de fromage blanc
1 yaourt nature 1/2
1 c. à soupe de vinaigre de
vin
Sel, poivre.

PRÉPARATION 15 MN
CUISSON 6 MN
CALORIES**
PRIX**
MARINADE UNE NUIT

Pour la marinade :
Hachez les gousses d'ail, mélangez avec l'huile, le thym, l'origan, le sel et le poivre. Hachez le filet de porc, recouvrez-le de la marinade. Laissez reposer une nuit entière.
Le soir du dîner, passez la marinade et le porc au chinois, réservez la viande dans un plat, et jetez la marinade.
Pelez le concombre, râpez-le grossièrement.
Dans une jatte mélangez le yaourt et demi, un peu d'ail haché, le fromage blanc, le sel et le poivre, ajoutez le vinaigre, fouettez bien. Réservez.
Faites chauffer l'huile dans une poêle, et faites rissoler la viande à feu vif pendant 6 mn.

Disposez dans chaque assiette un peu de viande, et la préparation au concombre sur laquelle vous cisèlerez quelques brins d'aneth.

Notes

Brownie

**INGRÉDIENTS POUR AU MOINS
4 PERSONNES:**
200 g de chocolat noir
amer
150 g de sucre en poudre
150 g de farine
125 g de beurre
3 œufs entiers
125 g de cerneaux
de noix
1 c. à café de levure

**PRÉPARATION 15 MN
CUISSON 25 MN
CALORIES***
PRIX****
REPOS UNE NUIT

Allumez votre four thermostat 8. Dans une casserole, mettez le beurre, cassez le chocolat en morceaux, et faites-le fondre au bain-marie.
Une fois fondu, versez-le dans une jatte, et incorporez le sucre, les œufs un par un, la farine, la levure, la pincée de sel. Mélangez pour obtenir une pâte lisse. Mixez les cerneaux de noix grossièrement, et incorporez-les à la préparation.
Beurrez un grand moule à manqué rectangulaire, farinez-le. Versez-y la préparation et enfournez. Laissez cuire pendant 25 mn en surveillant la cuisson, il faut que l'intérieur reste très moelleux.

Laissez refroidir et faites reposer une nuit.
Au moment de servir, coupez le brownie en carrés et nappez de crème fraîche.

Notes

Charlotte aux fruits rouges

INGRÉDIENTS POUR 4 PERSONNES:
24 biscuits à la cuillère
1 boîte de cerises au sirop
1 boîte de poires au sirop
1 c. à soupe de cognac
(facultatif)

**PRÉPARATION 15 MN
PAS DE CUISSON
CALORIES*
PRIX*
REFROIDISSEMENT
UNE NUIT**

Dans une assiette creuse, versez les 3/4 du sirop de cerises, dans une autre les 3/4 du sirop de poires. (Vous pouvez y ajouter le cognac.)

Passez les poires et 4 biscuits à la cuillère au mixer. Réservez. Faites de même avec les cerises. Réservez.

Beurrez légèrement un moule à charlotte.

Trempez un biscuit dans l'assiette de sirop de cerises, disposez-le dans le fond du moule. Trempez un biscuit dans le sirop de poires, disposez-le à côté de l'autre au fond du moule, ainsi de suite. Le fond de votre moule est nappé de biscuits.

Faites de même pour les bords du moule.

Versez au milieu des biscuits ainsi disposés les poires, puis les cerises mixées. Terminez par une couche de biscuits trempés à la cerise et à la poire.

Couvrez d'une assiette aux dimensions du moule, et posez des objets lourds dessus.

Mettez au réfrigérateur une nuit. Le soir du dîner, démoulez très délicatement, et nappez d'un coulis de poires, ou de cerises.

Notes

Mousse au chocolat amer

INGRÉDIENTS POUR 4 PERSONNES:
300 g de chocolat amer
3 œufs entiers
1 c. à soupe de sucre
en poudre
50 g de beurre

**PRÉPARATION 10 MN
CUISSON 4 MN
CALORIES★★★
PRIX★
REFROIDISSEMENT
UNE NUIT**

Dans une casserole, faites fondre le chocolat et le beurre au bain-marie. Le mélange doit être bien lisse. Hors du feu, incorporez les jaunes d'œufs. Laissez refroidir. Battez les blancs, légèrement sucrés, en neige ferme. Incorporez-les délicatement à la préparation chocolatée que vous aurez préalablement versée dans un plat de service. Placez la mousse au réfrigérateur une nuit.

Variante

Mousse au chocolat blanc

Mêmes ingrédients mais on remplace le chocolat amer par du chocolat blanc.

Notes

Mousse à l'orange

Semaine 2   Vendredi

INGRÉDIENTS POUR 4 PERSONNES:
4 grosses oranges
4 c. à soupe de sucre
en poudre
1 c. à soupe de fécule
3 œufs entiers
Menthe fraîche

**PRÉPARATION 15 MN
PAS DE CUISSON
CALORIES*
PRIX*
REFROIDISSEMENT
UNE NUIT**

Dans une jatte battez les jaunes d'œufs et le sucre.

Pressez les oranges, ajoutez le jus aux jaunes battus, incorporez la fécule. Mélangez délicatement.

Battez les blancs en neige ferme. Incorporez-les à la préparation aux oranges.

Mettez le tout dans des ramequins individuels. Décorez-les d'une feuille de menthe fraîche.

Placez au réfrigérateur une nuit.

Notes

Terrine de pommes
au coulis de cassis

INGRÉDIENTS POUR 4 PERSONNES :
4 belles pommes granny
1 citron
1 œuf entier
2 jaunes d'œufs
80 g de sucre en poudre
40 cl de crème fraîche
1 coulis de cassis
(voir liste shopping)

PRÉPARATION 15 MN
PAS DE CUISSON
CALORIES**
PRIX*
REFROIDISSEMENT
UNE NUIT

Epluchez les pommes, coupez-les en dés. Mettez-les dans une casserole avec 1 verre d'eau. Faites cuire pendant 5 mn.

Mixez les pommes.

Dans une jatte, mettez l'œuf entier, les jaunes, le sucre, et fouettez pour obtenir une mousse.

Incorporez les pommes et la crème fraîche. Versez dans un moule à cake légèrement beurré. Placez au réfrigérateur une nuit.

Démoulez au moment de servir, coupez en tranches, et nappez de coulis de cassis.

Notes

Spécial micro-ondes

Quelques idées pour les ultra-pressées. Celles qui invitent au dernier moment, ou qui ont oublié que le soir même, elles recevaient leurs clients moscovites. Quand on vit à 200 à l'heure, le four à micro-ondes est un accessoire aussi indispensable que les collants qui ne filent pas...
Ces recettes simples ne vous prendront que quelques minutes de préparation et surtout cuiront à la vitesse d'un supersonique. Elles vous laisseront le temps de potasser votre méthode Assimil franco-russe, ou de descendre chez votre caviste acheter une bouteille de vodka Absolute.
pg = programme maxi.
Quand on parle de plats, il s'agit évidemment de plats spéciaux pour micro-ondes.

Flan de bettes

INGRÉDIENTS POUR 4 PERSONNES :
3 côtes de bettes
30 cl de lait
3 œufs entiers
10 g de beurre
2 c. à soupe d'eau
Coriandre fraîche
Sel, poivre

PRÉPARATION 5 MN
CUISSON 20 MN
CALORIES*
PRIX*

Coupez les côtes de bettes en petits morceaux, et faites-les cuire recouvertes d'eau pendant 8 mn pg.

Beurrez un moule, déposez-y les côtes de bettes cuites.

Dans une jatte mélangez le lait, les œufs, le sel, le poivre, et la coriandre hachée.

Versez cette préparation sur les bettes et faites cuire 12 mn pg. Attendre le complet refroidissement pour démouler.

Notes

Œufs brouillés
à la menthe fraîche

INGRÉDIENTS POUR 4 PERSONNES:
6 œufs entiers
2 c. à soupe de crème fraîche
20 g de beurre
Quelques feuilles de menthe
Sel, poivre

PRÉPARATION 3 MN
CUISSON 2 MN 40
CALORIES*
PRIX*

Dans un plat beurré, cassez les œufs et mélangez-les à la crème fraîche sans les battre. Salez, poivrez, cuire 2 mn pg, mélangez à nouveau, cuire encore 40 secondes pg.
Saupoudrez les œufs brouillés de menthe fraîche ciselée.

Notes

Quiche

INGRÉDIENTS POUR 4 PERSONNES:
4 œufs entiers
250 g de pâte brisée
20 cl de crème fraîche
150 g de lardons
20 cl de lait
Sel, poivre, muscade râpée

PRÉPARATION 5 MN
CUISSON 15 MN
CALORIES**
PRIX*

Dans un plat, faites cuire les lardons 2 mn pg. Dans une jatte fouettez les œufs, le lait, et la crème. Salez, poivrez. Etalez la pâte dans le plat, piquez-la, faites-la cuire 8 mn pg. Versez dessus la préparation aux œufs et les lardons. Faites cuire 5 mn pg. Servez chaud ou froid.

Notes

Soufflé au fromage

INGRÉDIENTS POUR 4 PERSONNES:
4 œufs entiers
100 g d'emmenthal râpé
60 g de farine
50 g de beurre
1 c. à soupe de fécule
1/2 litre de lait
Sel, poivre

PRÉPARATION 10 MN
CUISSON 8 MN 30
CALORIES***
PRIX**

Dans une jatte mettez le beurre fondu et le lait. Incorporez la farine, et la fécule, fouettez. Mettez dans un plat, et faites cuire 3 mn pg.
Ajoutez les jaunes d'œufs, le fromage, fouettez, salez, poivrez. Montez les blancs en neige ferme, incorporez-les à la préparation au fromage. Faites cuire 5,30 mn pg.
Passez le moule sous le gril de votre four quelques minutes pour que le soufflé dore un peu. Servez très chaud.

Notes

Tarte aux tomates, basilic et mozzarella

INGRÉDIENTS POUR 4 PERSONNES :
250 g de pâte brisée
2 grosses tomates
2 c. à soupe d'huile d'olive
1 oignon
4 filets d'anchois
4 olives noires
1 boîte de tomates pelées au jus
50 g de mozzarella
Sel, poivre
Quelques feuilles de basilic

**PRÉPARATION 5 MN
CUISSON 17 MN
CALORIES*
PRIX****

Emincez l'oignon.

Dans un plat, déposez les tomates pelées et l'oignon émincé. Couvrez et faites cuire 4 mn pg. Réservez.

Etalez la pâte dans un plat, piquez-la, arrosez-la d'huile d'olive. Faites-la cuire 8 mn pg.

Disposez dessus la préparation aux tomates, les 2 tomates coupées en rondelles, les anchois, la mozzarella coupée en tranches fines, les olives, salez, poivrez. Faites cuire 5 mn pg.

Démoulez et servez froid parsemé de basilic ciselé.

Notes

Fondue aux trois fromages

INGRÉDIENTS POUR 4 PERSONNES :
200 g d'emmenthal
150 g de comté
50 g de beaufort
15 cl de vin blanc de Savoie
(voir cave)
2 c. à soupe de kirsch
fantaisie
1 gousse d'ail
Sel, poivre
Pain de campagne légèrement rassis

PRÉPARATION 3 MN
CUISSON 5 MN 30
CALORIES***
PRIX**

Frottez d'ail un poêlon en terre. Coupez les fromages en dés. Mettez-les dans le poêlon et arrosez avec le vin blanc. La préparation ne doit pas dépasser la moitié de la hauteur du poêlon. Enfourner et cuire 5 mn pg. Ajoutez le sel, le poivre et le kirsch, mélangez. Cuire à nouveau 30 secondes pg. Posez le poêlon sur le réchaud. Servez accompagné de morceaux de pain de campagne.

Notes

Gambas U.S.A.

INGRÉDIENTS POUR 4 PERSONNES:
600 g de gambas
4 c. à soupe de concentré de tomates
3 tomates
2 c. à soupe d'huile d'olive
1 gousse d'ail
10 cl de vin blanc sec
2 c. à soupe de cognac
4 c. à soupe de crème fraîche
Un bouquet d'aneth
Sel, poivre

PRÉPARATION 7 MN
CUISSON 23 MN
CALORIES**
PRIX***

Préchauffez votre plat brunisseur 8 mn pg.
Versez l'huile d'olive, et posez les gambas. Faites cuire 4 mn pg. Flambez au cognac. Réservez les gambas.
Dans un plat, mettez l'ail haché, les tomates pelées, le concentré de tomates dilué avec le vin blanc, la crème fraîche, salez et poivrez. Faites cuire pendant 7 mn pg. Ajoutez les gambas, et faites cuire le tout pendant 4 mn pg. Décorez d'aneth ciselé et servez très chaud.

Notes

Lotte aux courgettes

INGRÉDIENTS POUR 4 PERSONNES:
800 g de filet de lotte
8 courgettes
2 c. à soupe d'huile d'olive
4 c. à soupe de crème fraîche
10 cl de vin blanc sec
2 échalotes
Quelques feuilles de
coriandre fraîche
Sel, poivre

PRÉPARATION 7 MN
CUISSON 17 MN
CALORIES**
PRIX***

Dans un plat, disposez la lotte coupée en morceaux. Ajoutez les échalotes hachées, l'huile d'olive. Couvrez, faites cuire pendant 8 mn pg. Réservez.

Dans un plat, mettez les courgettes coupées en rondelles avec la peau, un peu d'eau, et faites cuire pendant 3 mn pg. Ajoutez la crème fraîche, le vin blanc, salez et poivrez. Faites cuire à nouveau pendant 3 mn pg. Ajoutez la lotte, faites cuire encore 3 mn pg. Saupoudrez de coriandre ciselée.

Notes

Magrets de canard aux pommes

INGRÉDIENTS POUR 4 PERSONNES :
3 gros magrets
4 belles pommes granny
3 c. à soupe de calvados
4 c. à soupe de miel
30 g de beurre
Sel, poivre

PRÉPARATION 10 MN
CUISSON 18 MN 30
CALORIES**
PRIX**

Enlevez la graisse des magrets. Coupez-les en tranches épaisses.
Préchauffez votre plat brunisseur pendant 8 mn pg.
Posez les magrets avec le beurre dans le plat. Faites cuire 5 mn pg en les retournant une fois (arrêtez la cuisson à 2 mn 30, retournez les magrets et continuez la cuisson 2 mn 30).
Flambez au calvados.
Mettez les pommes épluchées et coupées en lamelles dans un plat avec du beurre, couvrez, faites cuire pendant 5 mn pg.
Salez, poivrez les magrets légèrement, posez-les sur les pommes, arrosez le tout de miel. Laissez cuire pendant 30 secondes pg.

Notes

Petits pois jardiniers

Semaine 10   Jeudi

INGRÉDIENTS POUR 4 PERSONNES:
6 oignons blancs
250 g de petits pois surgelés
(voir shopping «Basics
du congélateur»)
3 carottes
40 g de beurre
1/2 laitue
1 morceau de sucre
Sel, poivre

PRÉPARATION 5 MN
CUISSON 17 MN
CALORIES*
PRIX*

Epluchez les oignons et les carottes. Coupez-les dans le sens de la longueur.
Posez-les dans un plat avec 4 c. à soupe d'eau. Couvrez et faites cuire pendant 5 mn pg.
Ajoutez le morceau de sucre, le beurre, la laitue coupée, les petits pois, salez, poivrez, mélangez. Faites cuire pendant 12 mn pg.
Servir avec des côtes d'agneau poêlées, ou du gigot.

Notes

Porc chinois

INGRÉDIENTS POUR 4 PERSONNES:
500 g de collier de porc
désossé
250 g de riz blanc
100 g de petits pois surgelés
50 g de champignons chinois
noirs (secs)
1 c. à soupe d'huile d'olive
1 c. à soupe de sauce soja
Cannelle en poudre
Sel, poivre

**PRÉPARATION 10 MN
CUISSON 28 MN
CALORIES**
PRIX****

Coupez la viande en dés, huilez les morceaux, salez, poivrez, saupoudrez de cannelle. Préchauffez votre plat brunisseur pendant 8 mn pg.
Mettez le porc dans le plat, couvrez, et faites cuire pendant 4 mn pg. Ajoutez le riz, l'huile, un peu d'eau (2 fois le volume du riz), les champignons et les petits pois encore congelés. Salez, poivrez, couvrez, et faites cuire pendant 12 mn pg.
Arrosez de sauce soja, mélangez, laissez cuire encore 4 mn pg.

Notes

Saint-Jacques
à la fondue de poireaux

INGRÉDIENTS POUR 4 PERSONNES:
8 noix de Saint-Jacques
6 blancs de poireaux
3 c. à soupe de crème fraîche
Le jus d'1/2 citron
2 c. à soupe d'eau
Sel, poivre

PRÉPARATION 6 MN
CUISSON 7 MN
CALORIES**
PRIX**

Lavez, égouttez et séchez les noix de Saint-Jacques.

Emincez les poireaux, disposez-les dans un plat, ajoutez l'eau, couvrez, et faites cuire pendant 5 mn pg.

Ajoutez la crème, salez, poivrez, mélangez.

Disposez sur les poireaux les noix de Saint-Jacques coupées en lamelles dans le sens de l'épaisseur et les coraux non coupés, arrosez de jus de citron. Couvrez, faites cuire pendant 2 mn pg.

Notes

Bananes au caramel

INGRÉDIENTS POUR 4 PERSONNES:
4 bananes
30 g de beurre
2 c. à soupe d'eau
1 jus de citron
8 feuilles de menthe
4 boules de glace au caramel

PRÉPARATION 5 MN
CUISSON 7 MN
CALORIES**
PRIX*

Epluchez les bananes, coupez-les en quatre dans le sens de la longueur. Mettez-les dans un plat, arrosez-les du jus de citron. Couvrez, et faites cuire pendant 1 mn pg, et 1 mn programme moyen.

Disposez les bananes dans chaque assiette. Réservez.

Dans un bol, mettez le sucre, le beurre et l'eau. Faites cuire pendant 5 mn pg, en surveillant la caramélisation.

Versez ce caramel sur les bananes, ajoutez 1 boule de glace au caramel, et décorez avec les feuilles de menthe.

Notes

Cake aux fruits confits

INGRÉDIENTS POUR 4 PERSONNES:
150 g de biscuits à la cuillère
20 cl de lait
2 œufs entiers
40 g de beurre
100 g de fruits confits
2 c. à soupe de rhum

PRÉPARATION 5 MN
CUISSON 8 MN
CALORIES**
PRIX*

Faites tremper les fruits confits dans le rhum pendant quelques minutes.

Emiettez les biscuits dans une jatte. Mettez le lait dans un bol et faites-le bouillir pendant 3 mn pg.

Versez-le sur les biscuits, ajoutez les œufs, les fruits confits et le beurre fondu. Mélangez. Versez dans un moule beurré, recouvrez d'une feuille de papier sulfurisé. Faites cuire pendant 5 mn pg.

Démoulez lorsque le cake est froid.

Notes

Crème au chocolat

Semaine 3   Vendredi

INGRÉDIENTS POUR 4 PERSONNES:
1/2 l de lait
50 g de sucre
70 g de chocolat noir amer
3 jaunes d'œufs
2 c. à soupe de café soluble

PRÉPARATION 10 MN
CUISSON 6 MN
CALORIES*
PRIX*

Mettez le chocolat cassé en morceaux et le café soluble dans un bol avec 2 c. à soupe d'eau. Faites cuire pendant 1 mn 30 pg. Faites bouillir le lait pendant 3 mn pg.

Dans une jatte, battez les jaunes avec le sucre, incorporez la préparation chocolatée. Versez le lait bouilli, mélangez. Faites cuire pendant 1 mn pg. Fouettez la crème, et remettez-la à cuire 30 secondes pg.

Mettez-la au réfrigérateur.

Notes

Gâteau breton

INGRÉDIENTS POUR 4 PERSONNES:
125 g de farine
125 g de sucre en poudre
2 œufs entiers
10 g de beurre
1/2 l de lait
200 g de pruneaux
dénoyautés

PRÉPARATION 5 MN
CUISSON 13 MN
CALORIES*
PRIX*

Faites bouillir le lait pendant 3 mn pg.
Dans une jatte, mettez les œufs et la farine. Mélangez. Incorporez doucement le lait bouilli et les pruneaux.
Beurrez un moule, versez-y la préparation, et faites cuire pendant 8 mn pg.
Passez ce gâteau 2 mn sous votre gril thermostat 10 pour le faire légèrement dorer.

Notes

Gâteau de mirabelles

Semaine 7 . Mardi

INGRÉDIENTS POUR 4 PERSONNES:
3 œufs
1 boîte de mirabelles au sirop
75 g de beurre
50 g de sucre
125 g de farine
1/2 sachet de levure
1 feuille de papier sulfurisé
Caramel: 100 g de sucre
          30 g de beurre
          2 c. à soupe d'eau

PRÉPARATION 10 MN
CUISSON 13 MN
CALORIES**
PRIX*

Faites votre caramel. Mettez dans un bol le sucre, le beurre, l'eau et faites cuire pendant 5 mn pg en surveillant la caramélisation.

Versez-le dans un plat avant qu'il ne prenne. Egouttez les mirabelles, disposez-les sur le caramel.

Dans une jatte, versez le sucre, la farine, les œufs, la levure, et le beurre que vous aurez fait fondre, mélangez pour obtenir une pâte homogène.

Versez cette pâte sur les mirabelles. Couvrez avec une feuille de papier sulfurisé et faites cuire pendant 8 mn pg.

Arrosez avec le sirop de mirabelles.

Notes

Recettes à faire le soir même

Pour une fois, vous vous êtes organisée pour avoir le temps de préparer votre dîner le soir même.
Ce n'est pas une raison pour vous lancer dans la préparation d'un bœuf en daube ou miroton, ce n'est plus très mode, et vous n'avez pas envie non plus de passer deux heures devant vos fourneaux.
Voici trente-six recettes faciles, qui, suivant les saisons et vos humeurs, seront tour à tour originales, surprenantes, exotiques, et de toute façon délicieuses et très décoratives.
Prenez le temps de lire attentivement le chapitre 9, car les recettes proposées ici sont souvent réalisées avec quelques produits étrangers.

Guacamole (prononcez Gouakamole)

INGRÉDIENTS POUR 4 PERSONNES:
2 belles tomates bien mûres
2 avocats bien mûrs
1 c. à café de Tabasco
1 oignon
1 citron vert
1 c. à soupe d'huile d'olive
Sel

**PRÉPARATION 5 MN
PAS DE CUISSON
CALORIES★★★
PRIX★**

Mixez la chair des avocats, l'oignon, les tomates pelées, l'huile, le Tabasco, le sel, pour obtenir une purée épaisse. Versez la préparation dans un saladier de service, mettez au réfrigérateur jusqu'au moment de servir. Se sert avec des tacos (voir shopping américain).

Notes

Mousse de roquefort

INGRÉDIENTS POUR 4 PERSONNES:
25 g de roquefort
75 g de crème fraîche
75 g de beurre
40 g de cerneaux de noix

PRÉPARATION 10 MN
PAS DE CUISSON
CALORIES***
PRIX**

Dans une jatte, mettez la crème fraîche, et 2 c. à soupe d'eau glacée. Battez pour obtenir un mélange mousseux.

Coupez le roquefort et le beurre en dés, passez-les au mixer. Ajoutez la crème fraîche battue.

Hachez les cerneaux de noix, incorporez-les à la préparation.

Mettez la mousse dans une terrine de service. Servez très frais, avec du pain de campagne grillé.

Notes

Œufs cocotte Pauline

INGRÉDIENTS POUR 4 PERSONNES:
4 œufs entiers
2 échalotes
50 g de beurre
100 g de petites crevettes roses
50 g de champignons de Paris
100 g de crème fraîche
Sel, poivre

PRÉPARATION 15 MN
CUISSON 10 MN
CALORIES*
PRIX*

Dans une poêle, faites revenir dans le beurre les échalotes hachées très fin. Ajoutez la crème fraîche, les crevettes et les champignons coupés en petits morceaux. Laissez cuire pendant 6 mn environ.
Réservez les crevettes et les champignons.
Faites réduire la sauce. Beurrez 4 ramequins individuels, cassez un œuf dans chaque et mettez-les à cuire au bain-marie sur feu vif pendant 3 mn. Retirez du feu. Ajoutez délicatement dans chaque ramequin, et en parts égales, les champignons, les crevettes et la sauce. Remettez à cuire encore 1 mn. Servez très chaud.

Notes

Salade japonaise

INGRÉDIENTS POUR 4 PERSONNES:
2 concombres
200 g de saumon rose frais
200 g de seiche
200 g de grosses crevettes roses cuites (voir shopping chinois)
200 g de chair de crabe (surimi)
Vinaigrette: Huile de sésame
            Vinaigre de riz
Sel, poivre
Ciboule chinoise

PRÉPARATION 15 MN
PAS DE CUISSON
CALORIES**
PRIX** (SI ON ACHÈTE LES INGRÉDIENTS AU MARCHÉ CHINOIS)

Découpez le saumon et la seiche en petits morceaux. Epluchez les concombres et coupez-les en rondelles très fines.
Dans chaque assiette, disposez un lit de concombre, puis le saumon, la seiche, les crevettes décortiquées, et la chair de crabe.
Arrosez de vinaigrette et parsemez de ciboule chinoise hachée.
Servez très frais.

Notes

Salade de langoustines

INGRÉDIENTS POUR 4 PERSONNES :
1 kg de langoustines
500 g de haricots surgelés
Sel, poivre
Vinaigrette
Estragon frais

**PRÉPARATION 15 MN
CUISSON
15 MN POUR LES LANGOUS-
TINES
15 MN POUR LES HARICOTS
CALORIES*
PRIX*****

Faites cuire les langoustines dans un grand faitout rempli d'eau bouillante pendant 15 mn. Egouttez-les et laissez-les refroidir.

Faites cuire en même temps les haricots verts dans votre cuitout vapeur pendant 15 mn, ils doivent être croquants. Laissez-les refroidir.

Décortiquez les langoustines. Réservez-les.

Faites une vinaigrette, avec de l'huile, du vinaigre, du sel et du poivre.

Ajoutez l'estragon haché, mélangez bien le tout.

Disposez sur chaque assiette un lit de haricots verts, puis les langoustines en parts égales.

Arrosez de vinaigrette, et ciselez un peu d'estragon dessus.
Servez très frais.

Notes

Potage aux flageolets

INGRÉDIENTS POUR 4 PERSONNES:
200 g de lardons
200 g de flageolets en boîte
3 blancs de poireaux
20 g de beurre
4 c. à soupe de crème fraîche
1 bouillon cube
Sel, poivre

PRÉPARATION 15 MN
CUISSON 35 MN
CALORIES**
PRIX*

Emincez les blancs de poireaux. Dans une grande casserole, faites rissoler les lardons dans le beurre pendant 10 mn. Mouillez avec 1 litre 1/2 d'eau, ajoutez les poireaux, le bouillon cube, faites cuire à couvert pendant 20 mn.
Ajoutez les flageolets égouttés, laissez cuire pendant 5 mn.
Passez le tout au mixer. Ajoutez la crème fraîche. Versez dans votre soupière. Servez accompagné de croûtons grillés.

Notes

Potage jardinière

INGRÉDIENTS POUR 4 PERSONNES:
150 g de céleri
100 g de carottes
100 g de poireaux
1 oignon
10 g de beurre
1 citron
20 g de crème fraîche
Sel, poivre

**PRÉPARATION 15 MN
CUISSON 20 MN
CALORIES*
PRIX***

Lavez et épluchez vos légumes, mettez toutes les épluchures dans votre autocuiseur, couvrez-les d'eau et faites-les cuire 5 mn après ébullition.

Passez ce bouillon au chinois, et remettez-le dans l'autocuiseur. Coupez vos légumes en dés, mettez-les dans le bouillon, salez, poivrez, faites cuire 9 mn après ébullition. Passez au mixer.

Versez dans votre soupière, ajoutez la crème fraîche, vous pouvez saupoudrer de ciboulette hachée.

Notes

Potage au pâtisson
(légume de la famille du potiron)

INGRÉDIENTS POUR 4 PERSONNES:
1 litre de lait
1 pâtisson moyen
2 c. à soupe de sucre en poudre
Coriandre fraîche
Sel, poivre

**PRÉPARATION 10 MN
CUISSON 20 MN
CALORIES*
PRIX***

Epluchez le pâtisson, coupez-le en cubes. Mettez-le dans une casserole avec le litre de lait. Faites cuire à feu doux pendant 20 mn.
A mi-cuisson salez, poivrez, ajoutez le sucre.
Passez le potage au mixer. Versez dans votre soupière, et parsemez de coriandre ciselée.

Notes

Potage paysan

INGRÉDIENTS POUR 4 PERSONNES:
3 pommes de terre
2 poireaux
2 jaunes d'œufs
4 c. à soupe de crème fraîche
30 g de beurre
Sel, poivre
Quelques croûtons aillés

PRÉPARATION 10 MN
CUISSON 40 MN
CALORIES*
PRIX*

Epluchez les légumes, coupez-les en morceaux. Mettez-les dans une casserole remplie d'eau froide salée. Faites cuire pendant 40 mn.
Passez le potage au mixer en ajoutant les jaunes d'œufs, la crème fraîche, le beurre, et le poivre.
Versez dans votre soupière et servez accompagné de croûtons aillés.

Notes

Potage aux pois cassés

INGRÉDIENTS POUR 4 PERSONNES:
125 g de pois cassés secs
1 côte de céleri
1 oignon
1/2 pied de cochon
Sel, poivre
Quelques croûtons aillés

PRÉPARATION 15 MN
CUISSON 50 MN
CALORIES**
PRIX*

Dans 1,5 litre d'eau froide mettez les légumes et le 1/2 pied de cochon. Salez, poivrez, faites cuire à couvert pendant 50 mn.
Enlevez le pied de cochon et mixez le potage. Versez dans votre soupière, ajoutez la crème fraîche. Servez accompagné de croûtons aillés.

Notes

SPÉCIAL PÂTES

Toutes ces recettes de pâtes sont calculées pour 4 personnes. Les pâtes (des tagliatelles) doivent être jetées dans l'eau bouillante salée dans laquelle vous verserez 2 c. à soupe d'huile d'olive. Pour 4 personnes, comptez 400 g de pâtes.

Gratin de pâtes :
Pour ce gratin, utilisez 400 g de macaronis.
Dans une casserole faites fondre 30 g de beurre, ajoutez 30 g de farine, mélangez, et versez 25 cl de lait en remuant constamment pendant 2 mn. Salez, poivrez.
Réservez. Beurrez un plat à gratin, mettez-y les macaronis cuits, et versez dessus la préparation au beurre. Saupoudrez de 50 g de fromage râpé, et passez sous le gril de votre four thermostat 9 pendant 5 mn.

Pâtes aux coques :
Mettez 1 litre de coques dans une casserole avec 2 c. à soupe de vin blanc sec, 2 c. à soupe d'eau, et faites cuire doucement pour que les coques s'ouvrent.
Débarrassez-les de leur coquille, et mélangez-les aux pâtes cuites en ajoutant 4 c. à soupe de crème fraîche, 1 c. à soupe d'huile d'olive et de la ciboulette hachée. Salez, poivrez.

Pâtes au mascarpone :
Le mascarpone est une crème de fromage vendue dans les épiceries italiennes. Le jambon San Daniele est vendu dans ces mêmes épiceries.
1 boîte de mascarpone que vous mélangez aux pâtes cuites avec 2 œufs entiers, une tranche épaisse de jambon San Daniele coupée en dés. Salez, poivrez.

SPÉCIAL PÂTES

Pâtes aux œufs de cabillaud :
250 g d'œufs de cabillaud que vous incorporerez délicatement aux pâtes cuites avec 5 c. à soupe de crème fraîche et de l'aneth ciselé. Salez, poivrez.

Pâtes à la provençale :
Faites fondre dans une casserole 1 c. à soupe d'huile d'olive, 1 boîte de tomates pelées et leur jus, et une gousse d'ail hachée, pendant 8 mn.
Incorporez cette préparation aux pâtes cuites, parsemez de basilic haché et de mozzarella coupée en petits dés. Salez, poivrez.

Pâtes au saumon :
200 g de saumon fumé coupé en dés, que vous incorporerez aux pâtes cuites en ajoutant 5 c. à soupe de crème fraîche et de l'aneth ciselé. Salez, poivrez.

Pâtes à la tapenade :
Mixez 20 olives noires dénoyautées avec 1 gousse d'ail, quelques feuilles de basilic, et 2 c. à soupe d'huile d'olive. Incorporez cette tapenade aux pâtes cuites. Salez légèrement, poivrez.

Blanquette de lotte au safran

INGRÉDIENTS POUR 4 PERSONNES:
6 morceaux de lotte de 150 g
chacun
6 blancs de poireaux
25 cl de vin blanc sec
200 g de crème fraîche
30 g de beurre
1 jaune d'œuf
1 c. à café de safran
en poudre
Sel, poivre

**PRÉPARATION 15 MN
CUISSON 21 MN
CALORIES**
PRIX*****

Emincez les blancs de poireaux, et faites-les fondre avec le beurre dans une cocotte, salez, poivrez, laissez cuire pendant 3 mn.
Posez les morceaux de lotte sur les poireaux, saupoudrez de safran et ajoutez le vin blanc. Couvrez, laissez cuire pendant 10 mn après ébullition.
Réservez les morceaux de lotte, et laissez cuire les poireaux pendant 5 mn, mixez-les.
Ajoutez la crème fraîche battue avec le jaune d'œuf, mélangez, et laissez épaissir pendant 3 mn. Disposez les morceaux de lotte sur le plat de service et nappez avec la crème de poireaux.

Notes

Œufs brouillés aux truffes

Semaine 7   Jeudi

INGRÉDIENTS POUR 4 PERSONNES:
100 g de truffes
6 œufs entiers
3 jaunes d'œufs
3 c. à soupe d'huile
Sel, poivre

PRÉPARATION 10 MN
CUISSON 7 MN
CALORIES*
PRIX*

Râpez 80 g de truffes. Réservez le reste que vous couperez en petits bâtonnets.

Dans une casserole, faites chauffer l'huile et faites revenir doucement les truffes râpées pendant 2 mn.

Dans une jatte, cassez les œufs, ajoutez les jaunes, salez, poivrez, fouettez-les délicatement, incorporez-les aux truffes.

Faites cuire le tout au bain-marie pendant 5 mn en remuant sans cesse. Salez, poivrez.

Servez aussitôt parsemé des bâtonnets de truffe.

Notes

Œufs pochés au chèvre
sur salade de mesclun

Semaine 10   Mardi

INGRÉDIENTS POUR 4 PERSONNES:
4 œufs entiers
2 crottins de Chavignol
1 salade de mesclun
Sel, poivre
Vinaigrette
Ciboulette

**PRÉPARATION 15 MN
CUISSON
3 MN POUR CHAQUE ŒUF
5 MN POUR LE FROMAGE
CALORIES**
PRIX***

Faites dorer et fondre légèrement les crottins sous le gril de votre four thermostat 8, pendant 5 mn environ.

Préparez la salade, mélangez-la à la vinaigrette, hachez la ciboulette et incorporez-la.

Exécution des œufs pochés :

Faites frémir de l'eau salée et vinaigrée dans une grande casserole.

Cassez un œuf dans une tasse, versez-le dans l'eau avec précaution. Quand le blanc est pris (3 mn), retirez l'œuf poché à l'aide d'une écumoire, et déposez-le sur un papier absorbant.

Puis posez-le sur la salade.

Faites de même pour tous les œufs.

Pour terminer coupez en 4 les crottins chauds et déposez-les dans la salade.

Notes

Omelette provençale

Semaine 9   Mercredi

INGRÉDIENTS POUR 4 PERSONNES:
8 œufs
1 c. à soupe d'huile d'olive
2 c. à soupe de lait
1 c. à soupe d'origan haché
1 grosse aubergine
1 poivron rouge
1 poivron vert
1 oignon
1 gousse d'ail
2 tomates
Sel, poivre

PRÉPARATION 10 MN
CUISSON 22 MN
CALORIES**
PRIX*

Dans une poêle, mettez l'huile d'olive et faites revenir les légumes épluchés et coupés en dés. Ajoutez l'ail et l'oignon hachés. Salez, poivrez, mélangez. Laissez cuire pendant 15 mn à feu doux.

Cassez les œufs dans une jatte et ajoutez le lait, fouettez vivement.

Versez cette préparation sur les légumes dans la poêle. Laissez cuire pendant 7 mn.

Servez chaud ou froid.

Notes

115

Pot-au-feu de canard

Semaine 4   Mercredi

INGRÉDIENTS POUR 4 PERSONNES:
4 grosses cuisses de canards
8 carottes
8 poireaux
4 pommes de terre
4 navets
200 g de fèves
Ciboulette
1 bouillon cube
Sel, poivre

PRÉPARATION 15 MN
CUISSON 20 MN
CALORIES*
PRIX*

Lavez et épluchez les légumes. Dans le bas du cuitout, mettez 1 litre d'eau, le bouillon cube, les épluchures des légumes, portez à ébullition. Salez, poivrez.

Dans le premier compartiment supérieur, mettez les cuisses de canards, dans le deuxième, placez les légumes coupés en morceaux et les fèves.

Cuisez à couvert pendant 20 mn. Passez le bouillon au chinois, jetez les épluchures. Disposez dans chaque assiette les légumes et les cuisses de canards. Parsemez de ciboulette hachée. Versez dessus un peu de bouillon, et servez avec une moutarde anglaise.

Notes

Râbles de lapins au paprika

Semaine 4 Mardi

INGRÉDIENTS POUR 4 PERSONNES:
8 râbles de lapins
30 g de beurre
4 c. à café de paprika en poudre
2 c. à soupe de crème fraîche

**PRÉPARATION 10 MN
CUISSON 26 MN
CALORIES*
PRIX***

Dans une sauteuse, faites revenir les râbles dans le beurre. Salez, poivrez.

Quand ils sont bien dorés, ajoutez le paprika délayé dans un verre d'eau froide. Laissez mijoter 20 mn, en veillant à ce qu'il reste toujours du liquide.

Retirez les râbles, ajoutez la crème fraîche, laissez réduire pendant 3 mn.

Remettez les râbles, laissez cuire encore 3 mn.

Servez les râbles nappés de la préparation au paprika.

Notes

Râbles de lièvres aux airelles

INGRÉDIENTS POUR 4 PERSONNES:
8 râbles de lièvres
10 g de beurre
1 boîte d'airelles au sirop
Sel, poivre

PRÉPARATION 5 MN
CUISSON 25 MN
CALORIES**
PRIX***

Faites fondre le beurre dans une poêle. Mettez à revenir les râbles en les retournant plusieurs fois, pendant 20 mn.

Réservez-les dans le plat de service. Dans le beurre de cuisson des râbles, videz la boîte d'airelles au sirop et laissez réduire pendant 5 mn.

Salez, poivrez les râbles, et nappez-les de la sauce aux airelles. Servez accompagné d'un gratin dauphinois.

Notes

Saumon frais
au beurre de cresson

Semaine 2   Vendredi

INGRÉDIENTS POUR 4 PERSONNES:
1 saumon frais de 1,5 kg environ
1 court-bouillon de poisson
Sel, poivre
1 feuille de papier aluminium
Beurre de cresson (voir recettes «quelques beurres»)

PRÉPARATION 5 MN
CUISSON 20 MN
CALORIES*
PRIX**

Nettoyez le saumon, passez-le sous l'eau froide. Enveloppez-le dans la feuille d'aluminium.

Dans le compartiment inférieur du cuitout, mettez 1 litre d'eau et le court-bouillon de poisson. Salez, poivrez.

Dans le premier compartiment supérieur, mettez le saumon.

Couvrez, laissez cuire pendant 20 mn.

Sortez le saumon du papier aluminium, enlevez la peau, coupez-le en tranches.

Servez-le chaud ou froid avec le beurre de cresson.

Notes

119

Champignons hongrois

Semaine 7. Jeudi

INGRÉDIENTS POUR 4 PERSONNES:
500 g de champignons
de Paris
2 oignons
1 poivron vert
2 tomates
20 g de crème fraîche
1 c. à soupe de paprika
1 c. à café de fécule
1 citron
50 g de beurre
Sel, poivre

PRÉPARATION 15 MN
CUISSON 20 MN
CALORIES*
PRIX*

Mettez le poivron sous le gril du four pendant 3 mn. Epluchez-le, coupez-le en dés.

Coupez les tomates en dés, hachez les oignons. Nettoyez les champignons, épluchez-les, coupez-les en lamelles, citronnez-les.

Dans une sauteuse faites fondre les oignons dans le beurre, ajoutez les champignons, le poivron, les tomates, salez, poivrez, saupoudrez de paprika, couvrez. Laissez cuire pendant 15 mn en remuant de temps en temps.

Ajoutez la crème fraîche dans laquelle vous aurez délayé la fécule.

Laissez épaissir pendant 2 mn. Servez chaud.

Notes

Clafoutis de navets

Semaine 9   Jeudi

INGRÉDIENTS POUR 4 PERSONNES:
8 navets moyens
3 œufs entiers
1 jaune d'œuf
25 cl de crème fraîche
Noix de muscade
1 c. à soupe d'huile
1 c. à soupe de beurre
Sel, poivre

PRÉPARATION 7 MN
CUISSON 37 MN
CALORIES*
PRIX*

Faites sauter les navets coupés en frites dans une c. à soupe d'huile et une c. à soupe de beurre. Cuire pendant 7 mn. Dans une jatte, mélangez les œufs et la crème fraîche. Saupoudrez de muscade râpée. Incorporez les navets.
Beurrez un moule à manqué, farinez-le, et versez-y la préparation aux œufs et les navets. Enfournez thermostat 7 pendant 30 mn.

Notes

Gratin de concombres

Semaine 8   mercredi

INGRÉDIENTS POUR 4 PERSONNES:
2 concombres
1 oignon
20 g de beurre
20 g de farine
150 g de crème fraîche
50 g de gruyère râpé
Sel, poivre

**PRÉPARATION 15 MN
CUISSON 20 MN
CALORIES**
PRIX***

Epluchez les concombres, coupez-les dans le sens de la longueur, ôtez les graines. Coupez-les en dés.
Faites-les blanchir 10 mn dans l'eau bouillante. Dans une casserole, faites fondre le beurre, l'oignon haché. Saupoudrez de farine, ajoutez la crème fraîche, salez, poivrez, mélangez.
Disposez les concombres dans le fond d'un plat à gratin beurré, versez dessus la préparation à la crème fraîche, et saupoudrez de gruyère râpé.
Faites cuire à thermostat 6 pendant 10 mn.

Notes

Gratin dauphinois

INGRÉDIENTS POUR 4 PERSONNES:
800 g de pommes de terre
20 g de beurre
20 cl de crème fraîche
1/2 l de lait
Noix de muscade râpée
Sel, poivre

**PRÉPARATION 15 MN
CUISSON 20 MN
CALORIES**
PRIX***

Allumez votre four thermostat 9.

Epluchez les pommes de terre, passez-les sous l'eau froide, coupez-les en fines rondelles. Mettez-les dans une passoire et passez-les sous l'eau froide pendant 5 mn.

Epongez-les à l'aide d'un papier absorbant.

Beurrez un plat à gratin, disposez les pommes de terre comme vous le feriez pour une tarte aux pommes, versez dessus le lait et la crème fraîche mélangée à la muscade, salée et poivrée.

Enfournez, laissez cuire pendant 20 mn.

Notes

Purée de poivrons

INGRÉDIENTS POUR 4 PERSONNES:
6 poivrons rouges
6 poivrons jaunes
Sel, poivre

PRÉPARATION 5 MN
CUISSON 6 MN
CALORIES*
PRIX*

Allumez votre four thermostat 8.

Coupez en deux et épépinez vos poivrons. Posez-les sur la grille du four la face avec la peau vers le gril.

Laissez cuire 6 mn à thermostat 8.

Laissez refroidir. Enlevez la peau. Réduisez-les en purée, une rouge, une jaune. Salez, poivrez. Faites-les réchauffer au bain-marie avant de servir.

Notes

Ratatouille

INGRÉDIENTS POUR 4 PERSONNES:
100 g de courgettes
100 g d'aubergines
2 poivrons rouges
1 boîte de tomates pelées
au jus
2 échalotes
1 gousse d'ail
1 c. à café de thym en poudre
4 c. à soupe d'huile d'olive
Sel, poivre

**PRÉPARATION 10 MN
CUISSON 14 MN
CALORIES**
PRIX***

Epluchez les légumes.
Faites chauffer l'huile dans une sauteuse. Mettez l'ail et les échalotes hachés. Faites-les fondre quelques minutes.
Ajoutez les légumes coupés en dés. Faites étuver à couvert pendant 4 mn.
Saupoudrez de thym, salez, poivrez. Ajoutez les tomates et leur jus. Mélangez. Laissez cuire 10 mn à couvert, à feu doux.

Notes

Flans de pain d'épice

INGRÉDIENTS POUR 4 PERSONNES:
250 g de pain d'épice
1 c. à soupe de cannelle
en poudre
2 œufs entiers
1/4 de litre de lait
Crème fraîche

**PRÉPARATION 10 MN
CUISSON 30 MN
CALORIES***
PRIX***

Allumez votre four thermostat 8.

Séparez les blancs des jaunes. Réservez les blancs.

Mixez le pain d'épice avec les jaunes d'œufs, la cannelle et le lait.

Battez les blancs en neige ferme. Incorporez-les à la préparation au pain d'épice.

Mettez le tout dans 4 petits ramequins individuels beurrés et farinés.

Faites cuire au bain-marie dans le four pendant 30 mn.

Laissez refroidir, démoulez et servez nappé de crème fraîche saupoudrée de cannelle.

Notes

Flan de pruneaux

INGRÉDIENTS POUR 4 PERSONNES:
20 pruneaux dénoyautés
4 œufs entiers
2 jaunes d'œufs
200 g de sucre en poudre
2 c. à soupe d'armagnac
1/8 de litre d'eau
6 c. à soupe de crème fraîche

**PRÉPARATION 10 MN
CUISSON 40 MN
CALORIES***
PRIX***

Allumez votre four thermostat 10.

Faites bouillir l'eau dans une casserole, ajoutez les pruneaux et l'armagnac. Laissez cuire pendant 10 mn.

Dans une jatte, mélangez les œufs entiers, les jaunes, le sucre, le jus de cuisson des pruneaux et la crème fraîche. Beurrez un moule à cake, farinez-le. Versez-y la préparation dans laquelle vous aurez incorporé les pruneaux.

Enfournez et faites cuire pendant 30 mn, en veillant à ce que le dessus ne brûle pas.

Laissez refroidir, démoulez.

Notes

Gâteau de fromage blanc

INGRÉDIENTS POUR 4 PERSONNES:
200 g de farine
300 g de fromage blanc
200 g de sucre en poudre
100 g de beurre
1 paquet de levure
1 verre à liqueur de rhum
4 c. à soupe de lait

**PRÉPARATION 15 MN
CUISSON 45 MN
CALORIES**
PRIX***

Allumez votre four thermostat 6.

Dans une jatte, mettez la farine, le sucre, la levure. Incorporez délicatement le fromage blanc, le beurre légèrement ramolli, et le rhum. Mélangez, ajoutez le lait. Mélangez pour obtenir une pâte lisse.

Beurrez et farinez un moule à soufflé, versez-y la préparation. Enfournez et faites cuire 45 mn en veillant à ce que le dessus ne brûle pas.

Démoulez après refroidissement.

Notes

Gratin de fruits rouges

INGRÉDIENTS POUR 4 PERSONNES :
100 g de framboises
100 g de fraises
50 g de myrtilles
50 g de cassis (voir shopping
«basics du congélateur»)
3 jaunes d'œufs
2 c. à soupe de crème
fraîche liquide
4 c. à soupe de sucre en
poudre
1 c. à café de maïzena
Quelques feuilles de menthe

**PRÉPARATION 10 MN
CUISSON 12 MN
CALORIES**
PRIX****

Allumez votre four thermostat 8.
Faites décongeler les fruits (surtout pas au micro-ondes).
Dans une jatte, mettez les jaunes d'œufs et le sucre. Battez-les, ajoutez la maïzena.
Dans une casserole, faites chauffer légèrement la crème, ajoutez le mélange aux œufs. Battez au fouet.
Beurrez un plat à gratin, mettez les fruits, et recouvrez de la préparation.
Faites gratiner sous le gril du four pendant 10 mn.
Servez très chaud.

Notes

Œufs à la neige
au coulis de framboises

INGRÉDIENTS POUR 4 PERSONNES:
1 sachet de coulis
de framboises (voir shopping
«basics du congélateur»)
3 blancs d'œufs
1 litre de lait
1 gousse de vanille
90 g de sucre en poudre

PRÉPARATION 10 MN
CUISSON 10 MN
CALORIES*
PRIX*

Dans une jatte, mettez les blancs d'œufs et le sucre. Montez en neige ferme.

Déposez des petits tas de blancs en neige sur un papier absorbant.

Portez le lait à ébullition, avec la gousse de vanille fendue en deux.

Retirez la casserole du feu, et déposez sur la surface du lait, à l'aide d'une écumoire, les petits tas de blancs. Remettez sur le feu et faites cuire 5 mn.

Retirez les blancs ainsi cuits, et déposez-les sur des assiettes. Nappez de coulis.

Notes

Tarte aux poires caramélisées

INGRÉDIENTS POUR 4 PERSONNES:
4 grosses poires passe-crassane
1 pâte brisée surgelée
20 morceaux de sucre
6 c. à soupe d'eau
Cannelle en poudre

**PRÉPARATION 10 MN
CUISSON 17 MN
CALORIES**
PRIX***

Allumez votre four thermostat 7.

Epluchez les poires, et coupez-les en quatre.

Faites-les cuire dans une casserole avec 4 c. à soupe d'eau, pour qu'elles fondent.

Dans un moule à tarte, étendez la pâte, piquez-la. Enfournez-la et laissez cuire 5 mn.

Démoulez-la et réservez-la.

Dans le même moule, mettez les morceaux de sucre et les 2 c. à soupe d'eau. Faites cuire sur le feu pour obtenir un caramel. Avant qu'il ne prenne, disposez les poires, et recouvrez le tout de la pâte précuite. Enfournez et laissez cuire 10 mn.

Démoulez et servez tiède nappé de crème fraîche saupoudrée de cannelle.

Notes

Spécial enfants

Vos enfants sont si charmants, si intelligents et bien élevés que vous pouvez leur demander n'importe quoi.
Ils se feront un plaisir de préparer un petit plat ou un dessert pour leur jolie maman qui travaille tard et qui est bien fatiguée. Et pourquoi ne pas leur confier la préparation d'un dîner tout entier ? Avec ces 16 recettes rapides et sans manipulations dangereuses, rien de plus facile.

Avocat des îles

INGRÉDIENTS POUR 4 PERSONNES :
2 avocats
4 tranches d'ananas
4 bâtons de surimi
100 g de petites crevettes roses
1/4 de pot de mayonnaise
2 c. à café de Ketchup
Sel, poivre.

PRÉPARATION 10 MN
PAS DE CUISSON
CALORIES***
PRIX**

Enlevez la peau des avocats, coupez-les en morceaux.
Coupez les tranches d'ananas en dés.
Dans une jatte, mettez les crevettes, les bâtons de surimi émiettés, la mayonnaise et le Ketchup. Salez, poivrez. Mélangez délicatement.
Disposez les avocats, les tranches d'ananas en parts égales sur chaque assiette et nappez de la préparation à la mayonnaise.
Servez frais.

Notes

Salade au yaourt

INGRÉDIENTS POUR 4 PERSONNES:
11 cœurs de palmiers
4 fonds d'artichauts
12 olives vertes
6 cornichons
6 bâtons de surimi
3 yaourts veloutés nature
6 c. à café d'huile d'olive
2 citrons
1 c. à café de paprika
Sel, poivre

PRÉPARATION 10 MN
PAS DE CUISSON
CALORIES**
PRIX**

Coupez les cœurs de palmiers, les cornichons et les fonds d'artichauts en petits morceaux. Mettez-les dans une jatte avec les olives, et les bâtons de surimi. Ajoutez les yaourts, mélangez. Salez, poivrez, ajoutez l'huile, saupoudrez de paprika. Mélangez.
Arrosez de jus de citron. Servez frais.

Notes

Saucisses salade

INGRÉDIENTS POUR 4 PERSONNES :
4 courgettes
4 saucisses de Toulouse
1 c. à soupe de moutarde
forte
Vinaigrette
Sel, poivre
Ciboulette hachée

PRÉPARATION 10 MN
CUISSON 7 MN
CALORIES★★
PRIX★

Coupez les courgettes avec leur peau en rondelles. Faites-les cuire pendant 4 mn à la vapeur. Faites cuire les saucisses 3 mn dans l'eau bouillante.
Faites une vinaigrette avec la moutarde, salez, poivrez.
Coupez les saucisses en rondelles, ajoutez les courgettes, servez tiède, parsemé de ciboulette hachée.

Notes

Tomates farcies au thon

INGRÉDIENTS POUR 4 PERSONNES:
4 grosses tomates
(Marmande)
1 boîte de thon entier
au naturel
2 c. à soupe de Ketchup
3 c. à soupe de mayonnaise
1 c. à soupe d'huile d'olive
Sel, poivre

PRÉPARATION 10 MN
PAS DE CUISSON
CALORIES***
PRIX*

Coupez les tomates aux 3/4 de la hauteur. Videz-les. Egouttez le thon, émiettez-le.
Incorporez le Ketchup à la mayonnaise, mélangez au thon, avec l'huile d'olive, salez, poivrez.
Remplissez les tomates de cette préparation.
Servez frais.

Notes

Brochettes de poulet au chutney

INGRÉDIENTS POUR 4 PERSONNES :
4 blancs de poulet
2 c. à soupe de curry
1 verre d'eau chaude
4 c. à soupe de chutney
(voir shopping anglais)
Sel, poivre

PRÉPARATION 5 MN
CUISSON 8 MN
CALORIES*
PRIX**
MARINADE 1 HEURE

Découpez les blancs de poulet en lamelles et mettez-les dans un plat creux. Versez dessus le curry mélangé à l'eau. Laissez mariner pendant 1 heure.

Jetez la marinade. Enfilez les blancs sur des petits bâtons de bois. Faites-les revenir à la poêle dans 20 g de beurre.

Servez accompagné de chutney.

Notes

Côtes de porc aux cacahuètes

INGRÉDIENTS POUR 4 PERSONNES:
4 côtes de porc
100 g de cacahuètes
de cuisine
3 c. à soupe d'huile
100 g de crème fraîche
80 g de beurre
Sel, poivre

**PRÉPARATION 15 MN
CUISSON 10 MN
CALORIES***
PRIX***

Epluchez les cacahuètes, mixez-les.

Dans une jatte, mettez le beurre ramolli, la poudre de cacahuètes, l'huile, la crème fraîche, salez et poivrez, mélangez.

Faites cuire les côtes de porc à la poêle dans du beurre. Réservez-les.

Déglacez la poêle avec la préparation aux cacahuètes. Cuire à feu doux pendant 3 mn.

Déposez les côtes de porc dans cette sauce, laissez cuire 3 mn. Servez saupoudré d'un peu de poudre de cacahuètes.

Notes

139

Dorade à l'orange

INGRÉDIENTS POUR 4 PERSONNES :
1 dorade d'1,2 kg
2 oranges
30 g de beurre
20 g de chapelure
Sel, poivre

**PRÉPARATION 10 MN
CUISSON 25 MN
CALORIES*
PRIX****

Allumez votre four thermostat 8.

La dorade aura été vidée et nettoyée par votre poissonnier.

Mettez-la dans un plat allant au four, et graissez-la avec le beurre.

Disposez autour les oranges épluchées et coupées en rondelles. Salez, poivrez.

Saupoudrez de chapelure. Enfournez, et laissez cuire pendant 25 mn.

Notes

Escalopes niçoises

INGRÉDIENTS POUR 4 PERSONNES:
4 escalopes de veau
1 tomate
1 poivron vert
1 gousse d'ail
4 anchois frais
3 c. à soupe d'huile d'olive
2 c. à soupe de persil haché
Sel, poivre

**PRÉPARATION 10 MN
CUISSON 15 MN
CALORIES*
PRIX****

Dans une poêle, versez l'huile d'olive. Coupez la tomate et le poivron en petits morceaux. Faites-les revenir avec l'ail haché, salez, poivrez. Laissez cuire à feu doux pendant 5 mn. Réservez.
Mettez dans la même poêle les escalopes, et faites-les cuire 5 mn sur les deux faces.
Ajoutez la préparation aux tomates, laissez cuire encore 5 mn. Servez décoré des anchois, et du persil haché.

Notes

Pommes de terre au fromage

INGRÉDIENTS POUR 4 PERSONNES:
4 grosses pommes de terre
4 c. à soupe de beurre
4 c. à soupe de crème fraîche
1 œuf
100 g de beaufort râpé
Sel, poivre

PRÉPARATION 15 MN
CUISSON 47 MN
CALORIES***
PRIX*

Allumez votre four thermostat 8.
Lavez les pommes de terre, essuyez-les. Coupez-les aux 2/3 dans le sens de la plus grande longueur.
Faites-les cuire sur la grille du four pendant 40 mn.
Retirez la pulpe et mixez-la avec le beurre, la crème fraîche, l'œuf, le sel et le poivre.
Ajoutez le beaufort râpé, mélangez.
Faites gratiner sous le gril pendant 7 mn.
Servez chaud.

Notes

Salade charcutière

INGRÉDIENTS POUR 4 PERSONNES:
12 pommes de terre roses
2 saucisses de Morteau
Vinaigrette
Sel, poivre
Ciboulette hachée

PRÉPARATION 10 MN
CUISSON 15 MN
CALORIES**
PRIX*

Epluchez les pommes de terre et mettez-les dans le panier supérieur du cuitout, avec les morteaux. Faites cuire pendant 15 mn après ébullition.
Faites une vinaigrette. Coupez les pommes de terre et les morteaux chaudes en rondelles. Mélangez-les à la vinaigrette. Ajoutez la ciboulette hachée.
Servez chaud.

Notes

Apple crumble

INGRÉDIENTS POUR 4 PERSONNES :
4 granny
1 bâton de cannelle
200 g de farine tamisée
1 jaune d'œuf
125 g de beurre
100 g de sucre
2 c. à soupe de miel

PRÉPARATION 15 MN
CUISSON 20 MN
CALORIES**
PRIX*

Allumez votre four thermostat 8.

Mettez dans une casserole les pommes épluchées et coupées en morceaux avec 2 c. à soupe d'eau et la cannelle. Laissez cuire à feu doux 10 mn.

Pendant ce temps, dans une jatte, mettez la farine, le beurre, le jaune d'œuf, le sucre, et mélangez au doigt pour obtenir une pâte très sablée.

Placez les pommes dans un plat à gratin beurré. Arrosez-les de miel. Versez dessus la pâte. Parsemez de petits morceaux de beurre. Enfournez, et laissez cuire pendant 10 mn.

Notes

Crêpes aux pommes

INGRÉDIENTS POUR 4 PERSONNES:
150 g de farine
35 cl de lait
7 œufs entiers
110 g de sucre
4 pommes reinettes
80 g de beurre

PRÉPARATION 10 MN
CUISSON 15 MN
CALORIES**
PRIX*

Dans une jatte, mélangez la farine, le lait, les œufs, le sucre. Réservez cette pâte.

Dans une poêle, faites fondre 20 g de beurre, saupoudrez de 10 g de sucre. Disposez une pomme épluchée et coupée en lamelles fines.

Laissez dorer quelques minutes.

Versez 1/4 de la pâte dessus, laissez cuire 2 mn. Couvrez avec une assiette pour retourner cette crêpe. Laissez-la cuire 2 mn. Déposez-la sur une assiette. Faites de même pour les 3 autres crêpes.

Saupoudrez les 4 crêpes de cannelle.

Servez tiède.

Notes

Œufs au lait

INGRÉDIENTS POUR 4 PERSONNES :
25 morceaux de sucre
2 c. à soupe d'eau
3/4 de litre de lait
6 œufs entiers

PRÉPARATION 10 MN
CUISSON 20 MN
CALORIES***
PRIX*

Allumez votre four thermostat 9.
Faites un caramel dans un moule à manqué, avec le sucre et l'eau.
Dans une jatte, fouettez les œufs entiers et le lait.
Versez sur le caramel avant qu'il ne prenne.
Enfournez et laissez cuire 15 mn.

Notes

Quatre-quarts

INGRÉDIENTS POUR 4 PERSONNES:
6 c. à soupe de beurre
2 œufs entiers
100 g de farine
50 g de sucre
50 cl de lait
1 paquet de levure
1 pincée de sel

**PRÉPARATION 10 MN
CUISSON 45 MN
CALORIES**
PRIX***

Allumez votre four thermostat 6.
Faites ramollir 5 c. à soupe de beurre dans une casserole. Dans une jatte, versez la farine, la levure, les œufs. Mélangez. Ajoutez le lait et le beurre fondu. Mélangez.
Beurrez un moule à manqué avec 1 c. à soupe de beurre. Versez-y la préparation. Enfournez et laissez cuire pendant 45 mn.
Servez avec la confiture de votre choix.

Notes

Tarte au citron

INGRÉDIENTS POUR 4 PERSONNES:
1 pâte sablée surgelée

Crème:
2 citrons
150 g de beurre
130 g de sucre en poudre
2 œufs

**PRÉPARATION 10 MN
CUISSON
10 MN POUR LA PÂTE
CALORIES**
PRIX***

Allumez votre four thermostat 8.

Etalez la pâte piquée dans un moule à tarte et faites cuire 10 mn.

Râpez la peau des citrons.

Dans une casserole faites fondre le beurre et la peau des citrons râpée.

Dans une jatte, mettez le sucre, les œufs, mélangez pour obtenir une préparation lisse.

Ajoutez le jus des citrons, mélangez.

Passez le beurre et les peaux râpées au chinois, versez le liquide obtenu dans la jatte. Reversez le tout dans la casserole, et laissez cuire au feu doux quelques minutes après ébullition.

Etalez la crème au citron sur la pâte cuite. Décorez le pourtour de feuilles de menthe fraîche.

Notes

Spécial vapeur

Cinq recettes vapeur pour les lendemains de fêtes, ou au moins une fois par semaine, c'est bon pour la forme et la ligne. Elles vous changeront de votre grillade/salade, ou de vos œufs durs/épinards.

Vos enfants, votre mari et vos amis les apprécieront aussi.

Ils vous faut pour les réaliser un cuitout vapeur (voir « Matériel de base... »).

Asperges marinières

INGRÉDIENTS POUR 4 PERSONNES :
1 kg d'asperges fraîches
500 g de haddock
150 g de beurre allégé
2 citrons
2 c. à soupe d'aneth ciselé
Poivre

PRÉPARATION 5 MN
CUISSON 35 MN
CALORIES*
PRIX***

Pelez les asperges, nettoyez-les.
Mettez de l'eau dans le compartiment inférieur du cuitout. Placez les asperges dans le premier compartiment supérieur. Faites cuire 20 mn après ébullition. Coupez le haddock en morceaux. Mettez-le dans le deuxième compartiment supérieur. Faites-le cuire 15 mn.
Faites fondre le beurre dans une casserole, arrosez-le de jus de citron, incorporez l'aneth. Poivrez.
Dans chaque assiette, disposez asperges et haddock en parts égales. Nappez de beurre au citron et à l'aneth.

Notes

Cervelles à l'estragon

INGRÉDIENTS POUR 4 PERSONNES:
2 cervelles de veaux
3 c. à soupe de vinaigre
6 c. à soupe de vin blanc sec
4 échalotes
2 œufs
3 c. à soupe d'estragon haché
30 g de beurre allégé
Sel, poivre

PRÉPARATION 5 MN
CUISSON 15 MN
CALORIES*
PRIX*
2 HEURES POUR FAIRE DÉGORGER LES CERVELLES

Posez les cervelles nettoyées et coupées en deux dans une jatte. Versez le vinaigre. Recouvrez d'eau, et laissez dégorger pendant 2 heures.
Réservez le liquide.
Versez de l'eau dans le compartiment inférieur du cuitout, et placez les cervelles dans le premier compartiment supérieur.
Laissez cuire pendant 15 mn.
Hachez les échalotes. Mettez-les dans une casserole, mouillez avec le vin blanc, salez, poivrez, ajoutez l'estragon haché. Portez à ébullition. Ajoutez les œufs entiers. Mélangez.
Passez au chinois. Versez cette préparation dans le liquide de dégorgement des cervelles,

et faites chauffer sans faire bouillir. Cette sauce va épaissir.

Dans un plat de service, disposez les cervelles cuites, et nappez avec la sauce à l'estragon.

Notes

Courgettes de la mer

INGRÉDIENTS POUR 4 PERSONNES:
750 g de courgettes
2 litres de moules de bouchot
3 échalotes
4 c. à soupe d'huile d'olive
1 c. à soupe de moutarde forte
2 c. à soupe de vinaigre
Ciboulette hachée
Sel, poivre

**PRÉPARATION 15 MN
CUISSON 16 MN
CALORIES*
PRIX***

Hachez les échalotes. Coupez les courgettes en rondelles avec leur peau. Lavez les moules. Mettez de l'eau dans le compartiment inférieur du cuitout, les courgettes dans le premier compartiment supérieur, et les moules dans le deuxième.

Laissez cuire après ébullition pendant 4 mn. Retirez les moules, et enlevez les coquilles. Réservez-les.

Continuez la cuisson des courgettes pendant 12 mn.

Faites une vinaigrette avec la moutarde, l'huile, le vinaigre et la ciboulette hachée. Dans le plat de service, disposez

les moules, les courgettes et nappez de vinaigrette. Parsemez de ciboulette hachée.
Servez froid.

Notes

Poulet au concombre

INGRÉDIENTS POUR 4 PERSONNES:
600 g de blancs de poulet
1 concombre
2 c. à soupe d'huile de sésame
2 c. à soupe de sauce soja
1 gousse d'ail
4 c. à soupe de jus de citron
1/2 c. à soupe de sucre en poudre
Menthe fraîche
Sel, poivre

PRÉPARATION 10 MN
CUISSON 20 MN
CALORIES*
PRIX*

Coupez les blancs de poulet en morceaux. Versez l'huile dessus, arrosez de jus de citron, salez, poivrez, réservez. Pelez le concombre, coupez-le en dés.

Mettez de l'eau dans le compartiment inférieur du cuitout, mettez le concombre dans le premier compartiment supérieur et les blancs de poulet dans le deuxième.

Parsemez de menthe fraîche. Laissez cuire 15 mn.

Mélangez la sauce soja, le liquide citronné, le sucre, l'ail haché. Faites chauffer dans une casserole 5 mn.

Dans un plat de service disposez les blancs de

poulet, les concombres, et nappez avec la sauce. Parsemez de menthe hachée.

Notes

Veau au cidre

INGRÉDIENTS POUR 4 PERSONNES:
1 kg de rôti de veau ficelé
1 crépine de porc
8 petits oignons
500 g de navets
3 c. à soupe de moutarde forte
1 litre de cidre sec
20 g de beurre allégé
1 c. à soupe de fécule
2 c. à soupe de crème fraîche allégée
Sel, poivre

**PRÉPARATION 15 MN
CUISSON 45 MN
CALORIES*
PRIX****

Mettez la crépine dans l'eau froide. Egouttez-la et badigeonnez-la de moutarde. Réservez-la. Epluchez les navets, pelez les oignons. Enveloppez le rôti dans la crépine.

Versez le cidre dans le compartiment inférieur du cuitout. Portez à ébullition. Mettez le rôti salé et poivré dans le premier compartiment supérieur. Cuire à feu doux pendant 45 mn.

A 20 mn de la cuisson, mettez les navets et les oignons dans le deuxième compartiment supérieur. Continuez la cuisson.

Mettez le rôti et les légumes dans un plat et placez-le sous le gril de votre four thermostat 8

pendant quelques mi-
nutes.
Pendant ce temps faites
réduire le cidre en incor-
porant la fécule et la
crème fraîche. Versez
cette sauce sur le rôti et
les légumes.

Notes

Quelques beurres parfumés

Ils accompagneront simplement, mais avec brio, les viandes, poissons et pâtes. Vous pouvez les préparer à l'avance et les conserver au congélateur dans de petits bols et les réchauffer délicatement au bain-marie avant de les utiliser.

Les quantités ont été calculées pour 4 personnes.

Arlésien

Il accompagne les poissons grillés et les volailles.

Mixez 2 anchois frais avec 2 c. à soupe d'huile d'olive et une tomate pelée. Ajoutez 200 g de beurre. Mixez. Salez, poivrez.

Mettez au frais.

Cresson

Il accompagne les viandes grillées et les poissons cuits à la vapeur.

Lavez 2 c. à soupe de cresson. Faites-le blanchir à l'eau bouillante 4 mn.

Egouttez-le.

Faites fondre dans une casserole 1/2 verre de vin blanc et 2 échalotes hachées. Ajoutez 200 g de beurre, salez, poivrez. Mixez avec le cresson.

Mettez au frais.

Poivron

Il accompagne les grillades et les volailles.

Faites fondre un poivron rouge, une tomate pelée et une gousse d'ail hachée dans un peu de beurre. Salez, poivrez.

Passez-les au mixer. Ajoutez 200 g de beurre.

Mettez au frais.

Roquefort

Il accompagne les viandes rouges.

Mixez 200 g de beurre avec 150 g de roquefort

159

et 50 g de cerneaux de noix. Salez, poivrez.
Mettez au frais.

Safran

Il accompagne les poissons.
Faites fondre 200 g de beurre, 1 c. à soupe de
jus de citron, 1 c. à café de safran, 1 c. à café
d'eau, et 1 c. à soupe de cerfeuil haché dans
une casserole sur feu doux.
Salez, poivrez. Fouettez. Mettez au frais.

Saumon

Il accompagne les pâtes, les poissons, et les
pommes de terre.
Mixez 200 g de beurre avec 100 g de saumon
fumé, 1 c. à soupe de jus de citron, 2 c. à soupe
d'aneth haché. Salez, poivrez. Mettez au frais.

7

Votre cave de femme pressée

Pourquoi les hommes se réserveraient-ils le privilège de choisir les vins qui accompagnent les plats préparés par les femmes?

Sans être experte, vous pouvez très bien « monter » une cave originale, de qualité et peu chère. Faites-vous aider par votre caviste de quartier, car contrairement à ce qu'on vous conseille habituellement, le vin ne s'achète pas au supermarché, où il est maintes fois déplacé et manipulé. En outre, chez le caviste, vous trouverez un interlocuteur souvent passionné et qui se fera un plaisir de vous faire découvrir aussi bien les grands crus de vos dîners d'apparat que les petits vins de pays des dîners entre amis.

Les vins blancs

Pour accompagner vos poissons, vos salades d'été, et pour l'apéritif sous les tonnelles.

Quincy sec
Château de la Closière /Bordeaux
Turon La Croix /Entre-deux-Mers
Domaine de Clavelin /Côtes du Jura
Montlouis AOC /Loire
Mesland /Touraine
Sylvaner domaine Klack /Alsace
Cruet /Savoie pour la fondue
Soave Classico /Italie

Les vins rosés

Pour accompagner la charcuterie et les plats épicés.

La Vieille Ferme /Côtes du Ventoux
Domaine de Marchandise /Provence
Domaine de la Bargemone / Coteaux d'Aix
Arbois /Jura
Château la Baronne /Corbières
Tavel /Sélection Repaire de Bacchus
Domaine de Toraccia /Corse

Les vins rouges

Pour accompagner les viandes rouges, les fromages, et pour ceux qui n'aiment ni le blanc ni le rosé.

Languedoc-Roussillon
Côtes du Roussillon Villages /Domaine Bousquet

Saint Chinan / Château Veyran /Sélection
Repaire de Bacchus
Faugère /Domaine des Métairies

Provence
Domaine de la Bargemone /Coteaux d'Aix
Domaine de Marchandise
Mas de la Rouvière /Bandol

Loire
Gamay de Touraine /J.L. Barry
Domaine des Geslets /Bourgueil
Domaine du Hombard /St-Nicolas-de-Bourgueil
Domaine du Puy Rigault /Chinon
Domaine de la Guilloterie /Saumur-Champigny

Côtes-du-Rhône
La Barallière
Vieille Ferme /Côtes de Ventoux
Guigal
Cru du Coudoulet

Bourgogne
Passetougrain /sélection Repaire de Bacchus
Irancy L. Bienvenu
Domaine Violot

Bordeaux
Château Turon La Croix
Château du Pontet
Château La Borderie
Château Patache d'Aux

Sud-Ouest
Château Montus /Madiran
Clos de Lagarde /Cahors

Les champagnes

Quand on pense champagne, plusieurs marques viennent à l'esprit : celles qui font partie de la tradition familiale, et celles que l'on achète pour ne pas se tromper. Chacune de nous a « son » champagne. Sortons un peu des sentiers battus, voici deux champagnes qui allient qualité et prix raisonnable.
Champagne Laurent Gosset
Champagne Deutz

Les apéritifs

Crème de cassis Vedrenne Nuits-Saint-Georges pour les kirs.
Porto :
Tawny Port /Burmester
Vintage Character Port /Burmester

Whiskies :
Bourbon : Wild Turkey
Scotch : Islay Legende
Irlandais : Tullamore Dew

Muscats à servir très frais l'été :
Beaumes de Venise
Domaine de la Capelle

Et la bière pour les amateurs et les grandes soifs :
Bière du Ch'ti
Orval
Hoegaarden

Cette liste m'a été conseillée par « Le Repaire de Bacchus », 11, rue des Martyrs, Paris 75009. Ce magasin fait partie d'une chaîne ; en tapant www.repairedebacchus.com vous aurez les adresses des différents points de vente.

8

Bonnes adresses et shoppings exotiques

Ce n'est pas dans votre supermarché habituel que vous trouverez la farine à pancakes, le vinaigre de riz ou la sauge qui parfumera vos viandes. Vous les dénicherez dans les magasins spécialisés qui proposent des produits venus du monde entier. Il en existe dans toutes les grandes villes. N'hésitez pas à pousser leur porte, et n'oubliez pas votre liste ou faites-vous conseiller.

Les listes de shopping qui suivent on été établies pour offrir un éventail complet de ce que vous pouvez acheter sans souci. Ces produits vous serviront pour la préparation des recettes présentées dans ce livre, et vous donneront certainement d'autres idées.

À l'exception des produits américains et japonais qui sont onéreux, ces shoppings sont très bon marché.

Shopping américain

Fait chez The Real Mac Coy, 194, rue de Grenelle 75007 Paris.

Pour vos brunches :
Farine à pancakes
Sirop d'érable
Sirop de myrtille

Pour les dîners mexicains :
Purée de piment
Sauce fromage et piment Jalapeno
Tacos diner
Sauce chili
Haricots rouges en conserve
Chips de maïs

Les épices créoles

Sauce tomate « Paul Newman »
Sauce blue cheese
Sauce moutarde à l'aneth

Pop-corn « Paul Newman » à cuire en 3 mn au micro-ondes

Fudge sauce pour napper la glace vanille
Marshmallows
Cookies frais

Vins :
Zinfandel de Californie

Alcools :
Tequila
Mezcal
Margarita cocktail

Shopping japonais

Fait chez Kioko, 46, rue des Petits-Champs 75002 Paris. Impossible de savoir à quoi correspondent ces innombrables petits sachets colorés qui ne comportent aucune explication en français. N'oubliez pas cette liste si vous rendez visite à ce magasin tout à fait singulier.

Soupe instantanées Monoya Tsuyu
                      Niben Tsuyu Nomoto
Pâté de soja pour les soupes
Gingembre salé à l'eau Hitokuchi Tarou
Moutarde au raifort
Mayonnaise japonaise
Pâté de haricots rouges sucré Neri Yookan
Sans oublier le saké Seishu Tyoma et la bière japonaise Sapporo.

Shopping indien

Fait chez VT Cash & Carry, 11-15, rue Cail 75010 Paris.

Pour l'apéritif, vous trouverez des noix de cajou, des pistaches, des cacahuètes, bien plus fraîches, savoureuses et meilleur marché que celles vendues sous vide.

Poudres d'épices : marque conseillée « Rajah »
Paprika
Chili powder
Coriandre
Hot madras
Curry powder
Amandes
Gingembre
Cannelle
Muscade
Cumin
Curcuma
Graines : Cardamome pour parfumer les
                bouillons et courts-bouillons
                Clous de girofle

Graines rafraîchissantes pour l'après-dîner : Pan Paral et Pan Bahar

Les préparations et chutneys : marque conseillée « Patak's »

Tandoori paste
Tikka paste
Curry paste

Mango lime
Sweet chunda
Sweeet mango
Sweet mango pickles

Riz :
Basmati
Gluant : noir et blanc
Américain

Les légumes secs
Fèves
Lentilles jaunes, rouges et vertes

Vous trouverez aussi :
Huile de Carthage dans un fabuleux bidon
Coconut juice (pour marinades)

Et pour l'ambiance :
L'encens et les disques de musique indienne.

Shopping chinois

Fait chez Paris Store, 44, avenue d'Ivry, 75013 Paris.

Cet immense supermarché avec un étage consacré aux ustensiles de cuisine est une vraie mine d'or.

Herbes odorantes, épicerie surprenante côtoient les canards laqués et les plats préparés.

Entrées :
Shrimps cocktail
Beignets vapeur de crevettes, de bœuf, de porc
Raviolis vapeur
Nem avec sauce
Rouleaux de printemps avec sauce

Congelés (très bon marché) :
Chair de crabe
Pinces de crabe
Crevettes et gambas
Cocktail de fruits de mer
Noix de Saint-Jacques

Légumes et fruits secs :
Champignons parfumés
Salades
Choux chinois
Céleri chinois
Pousses de bambou
Concombre amer
Bananes au miel
Dattes rouges

Les pâtes et vermicelles chinois

Huile de sésame
Vinaigre de riz
Sauce soja
Nuoc mam
Dyna chili sauce (très piquante !)

Herbes fraîches :
Ciboule, menthe
Coriandre, persil...

Au premier étage :

Planche à découper P.E. Cutting board
Jattes en métal
Petits paniers en vannerie pour cuire les
« vapeurs ».

Shopping anglais

Fait à la British Grocery, 5, cité du Wauxhall
75010 Paris. Tél. 01 42 00 36 20.
Dévalisez les rayons cakes, confitures, thé, bonbons. Mais n'oubliez pas les mini-légumes pour
décorer vos plats, les fromages et les préparations indiennes en conserve.

Mini-légumes :
Maïs
Courgettes
Ficoïde glaciale (fleur de courgette)
Pousses d'épinards
Carottes

Pourprier et mesclun

Fromages :
Cheddar à la bière
Cheddar fumé
Welsh rarebit pour les croque-monsieur
Summer fruits, compote pour napper les froma-
ges blancs et yaourts nature.

Cakes :
Farmhouse cake
Cake irlandais
Muffins
Scones

Buns
Pancakes
Scottish shorts butter
Ginger snaps
Gâteau aux dattes et noix

Confitures :
Marmelade d'oranges écorce amère
Fruits de la forêt
Cerises noires
Framboises

Conserves indiennes :
Lentilles et pois chiches Dhal
Epinards et pommes de terre en curry

Plats frais tout prêts :
Poulet tikka
Poulet tandoori
Poulet saté

Et les chips et bonbons.

Petit lexique des termes de cuisine

Vous ne savez pas ce que signifie «déglacer», et d'ailleurs est-ce vraiment utile pour préparer le hachis parmentier?

Mais si votre lecture vous a donné envie de vous lancer dans les livres de cuisine des plus grands chefs, lisez ce petit lexique. Vous apprendrez à décoder les recettes, ce qui est déjà une performance!

Assaisonner: saler, poivrer, ou faire une vinaigrette.

Bain-marie: pour cuire une préparation délicate sans contact direct avec le feu. Il faut placer le récipient qui contient la préparation dans un plat plus grand rempli d'eau qui ira sur le feu et sera tenu en ébullition.

Beurre ramolli: beurre à température ambiante, ou très légèrement chauffé que l'on malaxe pour lui donner la consistance d'une pommade.

Blanchir: immerger un aliment quelques minutes dans l'eau bouillante pour ensuite le rafraîchir rapidement sous l'eau froide.

Ciseler: couper finement les fines herbes avec l'aide de ciseaux.

Concasser: hacher grossièrement au mixer.

Déglacer: dissoudre les sucs de cuisson d'une viande ou d'un légume en versant un liquide dans le plat de cuisson et obtenir ainsi une sauce.

Écumer: enlever l'écume qui se forme à la surface d'un liquide de cuisson à l'aide d'une écumoire.

Émincer : couper en tranches très fines.

Étuver : cuire un aliment à couvert avec très peu ou pas de matière grasse.

Fondre : se dit pour un légume, ou un beurre qui se ramollit sous l'action de la chaleur.

Frémir : se dit d'un liquide de cuisson qui est maintenu à la limite de l'ébullition.

Gratiner : faire dorer le dessus d'une préparation nappée de sauce, en la passant sous le gril du four.

Lier : incorporer à un liquide, en fin de cuisson, un jaune d'œuf, de la fécule ou de la farine, en tournant délicatement.

Mariner : laisser plusieurs heures un aliment dans une préparation à base d'épices pour le parfumer et l'attendrir.

Mixer : passer au mixer.

Mouiller : verser un liquide sur une préparation en train de cuire, pour prolonger cette cuisson.

Paner : enrober un aliment d'une préparation à base de jaune d'œuf et de chapelure, avant de le cuire.

Pocher : cuire des aliments dans un liquide en ébullition.

Réduire : poursuivre la cuisson d'un liquide pour qu'il réduise de volume.

Réserver : mettre un aliment ou une préparation de côté le temps d'exécuter une autre préparation.

Revenir, sauter : cuire des aliments avec un corps gras à feu vif pendant quelques minutes pour les faire dorer sur toutes les faces.

Roux : mélange de farine et de beurre pour la préparation d'une sauce que l'on mouille ensuite d'eau, de vin ou de lait, et dans lequel on continuera la cuisson d'un plat.

Saisir : débuter la cuisson en faisant rissoler vivement un aliment dans une graisse, ou en le plongeant dans l'eau bouillante.

Tamiser ou passer au chinois : passer une préparation au travers d'un chinois pour en récupérer une substance fine et homogène.

Épilogue

Vous avez lu les pages qui précèdent : vous avez déjà fait une bonne partie du chemin. Reste maintenant à les mettre en pratique. Pour vous donner du courage, imaginez votre nouvelle vie! Superwoman au bureau, superwoman à la maison, la perfection n'est pas loin...

Si vous avez suivi nos conseils, vous avez évacué tous vos sentiments de culpabilité et vous savez à présent qu'un dîner réussi n'est pas nécessairement synonyme d'angoisse et de trois heures passées derrière vos fourneaux.

Vous avez appris à planifier vos repas familiaux de la semaine : adieu au stress de la fin d'après-midi, aux temps maudits où vous redoutiez la question fatidique : «Alors, qu'est-ce qu'on mange ce soir?»

Ce livre n'est pas une baguette magique que vous sortirez de votre sac dès qu'un problème surgira. Dans votre vie professionnelle, vous avez appris que pour réussir, il y avait certes des recettes, mais que c'était votre enthousiasme qui faisait la différence. Et pour finir, voilà la recette inratable de vos succès futurs :

Une pincée d'organisation
Deux doigts de savoir-faire
Une bonne dose de plaisir
Une poignée d'imagination...

Remerciements

Catherine Chaleyssin, sans qui ce livre n'aurait pu se faire
Marie Normand et Sophie Carpentier
Monsieur S. Shaik Sultan
Lionel, du Repaire de Bacchus
Monsieur Barbeillon
Madame Vera

Tomates farcies au thon   P. 137
Apple crumble   P. 144

Saucisses salade   P. 136.
œufs au lait   P. 146

gratin de Pâtes   P. 169
Jambon de Paris.
Yaourt + confiture

Escalope panées.
Crème au chocolat   P. 94

Dorade à l'orange   P. 140
Quatre - Quarts   P. 147

Œufs à la coque
compote de pommes + fruits rouges

Glaces au chocolat + fraise

Râbles de lapins au Paprika P. 117
épinard à la crème
fruits

œufs brouillés P. 112
Champignons hongrois P. 120
Godeleto

Poulet roti
Clafouti de navet P. 121
Yaourt nature à la confiture

Petits boudins blancs et noirs poêlé
Purée mousseline
Salade de fruits.

Saumon frais au beurre de cresson P. 159
Tagliatelle au beurre P. 119
Mousse à l'orange P. 76

steak hachés
gratin de Concombres P. 122
crème au chocolat P. 194

Epaule d'agneau au four
Petit pois "jardin" P. 89
Salade de fruit

Pates mascarpone P. 169
Salade pamplemousse et d'orange

Croque - monsieur
Salade de mâche
Compote d'abricot

Poisson au lait de Coco P. 67
Vermicelle Chinois
Charlotte aux fruits rouges P. 73

Roti de porc
Gratin Dauphinois   P.123
Fromage blanc au sirop d'érable

Gratin d'endives au Jambon et
à la béchamel
Brownies P.71

Quiche   P.82
Salade verte
Gateau de Mirabelles P.96

Foies de veau pôles
gratin dauphinois.
Poires

poisson (merlan, cabillaud) à la
vapeur
Ratatouille
Crème vanille

gratin de brocoli + béchamel
Purée de poivrons P.124
clafouti de navets.
Purée de carottes.

Cuisine

7017

Composition Chesteroc Ltd
Achevé d'imprimer en France (Malesherbes)
par Maury-Imprimeur
le 9 juin 2008.
Dépôt légal juin 2008. EAN 9782290010297

Éditions J'ai lu
87, quai Panhard-et-Levassor, 75013 Paris
Diffusion France et étranger : Flammarion